욥기
고난과 새로운 삶

한진희 지음

LIVING IN FAITH SERIES
JOB

Copyright © 2005 by Cokesbury

All rights reserved.
No part of this work may be reproduced or transmitted in any form or by any means, electronic or mechanical, including photocopying and recording, or by any information or retrieval system, except as may be expressly permitted in the 1976 Copyright Act or in writing from the publisher. Requests for permission should be addressed in writing to Permissions Office, 201 Eighth Avenue, South, P. O. Box 801, Nashville, TN 37202, or faxed to 615-749-6512.

Scripture quotations in this publication, unless otherwise indicated, are taken from THE HOLY BIBLE with REFERENCE Old and New Testaments New Korean Revised Version © Korean Bible Society 1998, 2000. Used by permission by Korean Bible Society. All rights reserved.

Writer: Jin Han
Cover credit: © James Randklev / Getty Images

Nashville
MANUFACTURED IN THE UNITED STATES OF AMERICA

차 례

제1과 온전한 사람의 한 ················· 5

제2과 위로하러 왔다가 ················15

제3과 믿을 만한 세상은 어디에? ··········25

제4과 대화의 막다른 골목에서 ··········35

제5과 고독한 고난자의 고백 ············45

제6과 집요한 전통의 잡음 ··············51

제7과 하나님의 말씀과 욥의 회복 ········56

제1과
온전한 사람의 한
욥기 1-3장

1. 성경 이해

욥의 첫 번째 고난 (1장)

옛날 옛적 머나먼 곳에 온전하고 정직하게 살던 욥이라는 사람이 있었다. 그는 하나님을 경외하고 악을 멀리하는 사람이었다. 그는 신앙과 도덕을 겸비한 사람이었으며, 일곱 아들과 세 딸을 둔 유복하고 훌륭한 동방의 거부로 이름이 나 있었다.

욥은 하나님 앞에서 올바르게 살기 위하여 모든 면에서 세심하게 신경 쓰는 사람이었다. 그는 그의 자녀들이 돌아가면서 잔치를 하며 형제자매간의 우애를 나누었을 때에도, 혹시 자식들이 흥겹게 잔치를 하는 가운데 실수로 인하여 하나님을 욕되게 하지는 않았을까 염려하여 자식들 숫자대로 번제를 드린 사람이었다. "욥의 행위가 항상 이러하였더라" (1:5 하반절) 라고 말할 정도로 그는 모든 면에서 완벽한 신앙인이었다. 하나님은 이러한 욥에 대하여 은근히 흡족해하셨다.

욥에 대하여 흡족해 하시던 하나님이 어느 날 하늘 공의회에서 사탄에게 욥에 대하여 자랑을 하신다. 욥기 1장에 나오는 사탄은 문맥상으로 보아 하나님의 공의회에서 세상의 악한 자들을 고발하는 역할을 하고 있는 것으로 보인다. 사탄은 땅을 두루 돌아 여기저기 다녀와서 나쁜 사람에 대하여 하나님께 보고했다.

하나님은 사탄에게 "네가 내 종 욥을 주의하여 보았느냐 그와 같이 온전하고 정직하여 하나님을 경외하며 악에서 떠난 자는 세상에 없느니라" (1:8) 라고 말씀하실 정도로 욥에 관심을 두고 지켜보셨다. 세상을 두루 다니면서 볼 것 못 볼 것 다 보고 온 사탄은 이러한 하나님의 평가에 대하여 "욥이 어찌 까닭 없이 하나님을 경외하리이까?" (1:9) 라고 반의를 제기한다.

사탄은 온전하고 정직한 경건의 가능성을 인정하지 못한다. 사탄은 경건이란 것도 다 그 뒤에 이해관계가 연루되어 있다고 생각한다. 사탄은 욥이 하나님을 경외하는 유일한 이유가 하나님께서 욥에게 모든 것을 선물로 주셨기 때문이라는 것이다. 욥의 경건은 돈을 주고 산 것이나 다름이 없으며, 욥이 하나님에게 드리는 경건은 까닭 없는 경건이 아니라, 타산에 의한 경건이라는 것이다. 따라서 사탄은 하나님께 욥이 하나님을 경외하는 이유는 하나님의 축복을 흠뻑 받았기 때문이라는 뜻을 비친다.

여기서 욥이 경건하다는 사실에 대하여는 사탄도 이의가 없다. 그러나 사탄은 욥이 경건한 이유를 하나님과 다르게 보고 있다. 사탄이 보기에는 계산 없는 경건이란 없으며, 욥은 경건에 오는 보상 때문에 경건하다는 것이다. 욥의 신앙은 봉급 받는 봉헌이라는 말이다.

사탄은 그의 관점을 증명할 수 있다고 말한다. 그의 이의에 관하여 하나님께서 시험을 해볼 문제라고 주장한다.

욥의 경건의 이유가 축복이라면, 축복이 없어지면 경건도 없어질 것이다. 사탄은 욥이 가진 모든 것을 하나님께서 거두시기만 한다면 욥은 하나님을 대놓고 저주할 것이라고 장담한다. 이 문제를 알아보기 위하여 하나님은 욥을 시험해 보도록 허락하신다. 하나님은 욥에게 있는 모든 소유물을 사탄의 손에 맡기신다. 다만 하나님은 욥의 몸에는 손을 대지 말라고 단서를 붙이신다. 사탄이 제기한 고난의 시험 가운데서 욥을 보호하고자 하는 하나님의 관심이 엿보인다.

이렇게 하늘에서 일종의 내기가 벌어진 후, 땅에서는 난리가 난다. 노략꾼들과 천재지변으로 욥의 가축이 다 없어지고, 큰 바람으로 인하여 그의 자식들이 다 죽게 된다. 하루만에 욥은 그에게 있는 모든 것을 잃게 된다.

처참해진 욥은 "겉옷을 찢고 머리털을 밀어" 애통하는 모습으로 그의 재난에 대하여 말한다. "내가 모태에서 알몸으로 나왔사온즉 또한 알몸이 그리로 돌아가올지라 주신 이도 여호와시요 거두신 이도 여호와시오니 여호와의 이름이 찬송을 받으실지니이다" (1:21). 욥은 그가 가진 모든 것이 인생에 부수적으로 따라온 것으로 인정한다. 삶에서 누리는 모든 것은 변화될 수 있는 것으로서, 있다가도 없어질 수 있는 것이다. 욥이 변함없이 붙드는 것은 어떠한 상황에서라도 여호와께 찬송하는 것이다.

어려움을 당하는 중에도 욥은 죄를 범하지 않는다. 그는 하나님을 원망하는 어리석은 행위를 범하지 않는다. 그의 모든 축복이 거두어졌음에도 불구하고 욥은 그의 온전한 신앙의 모습을 잃지 않았다. 욥은 그의 신앙이 "까닭 없는" 신앙이었다는 것을 증명해 준 것이다.

욥의 두 번째 고난 (2장)

그만하면 욥의 온전함이 확인되었고, 하나님이 사탄과 벌린 담판에서 승리하셨다고 생각될 때에, 욥의 두 번째 시험이 나온다. 하나님의 공의회가 다시 나오는 장면에서 사탄이 또 등장한다. 사탄은 하나님께 온 땅을 두루 돌아 여기저기를 다녀왔다고 보고한다.

여호와는 또 사탄에게 욥을 유의하여 보았느냐고 말씀하신다. 하나님은 사탄에게 내기의 결과에 순복하라고 은근히 촉구하신다. 하나님은 사탄에게 "까닭 없는 경건"이 존재한다는 것이 증명되었다고 시사하신다. 이어서 하나님은 그러한 문제를 가지고 애매한 욥을 시험하도록 충동했던 사탄을 원망하신다. 까닭 없는 경건이 어디 있느냐고 해서, 욥이 까닭 없이 고통을 당하지 않았냐고 하나님은 사탄을 책망하신다. 까닭 없는 경건이 있는가 하는 문제는 중요한 문제였다. 그러나 얼마나 값비싼 시험이었는지를 하나님도 인정하신다.

사탄은 첫 번째 시험에 흠이 있었다고 이의를 제기한다. 첫 번째 시험에 단서가 붙어 있었기 때문에 제약이 가해진 시험이어서 온전한 답을 얻지는 못하였다고 주장한다. 욥은 그가 당한 첫 번째 고난에서 그가 귀하게 여기기는 했어도 다만 외적인 것만을 잃었다는 것이다. 가진 것을 다 잃었다 해도, 또 자식들을 다 잃었다 해도 자기 몸이 상하지 않았으니 욥이 경건할 수 있었지 않느냐고 암시한다. 욥은 물질은 잃었어도 몸은 상하지 않았다. 또 아무리 자식을 사랑하는 사람이라도 자기 손가락이 다치지 않는 한 고통을 느끼지 못하는 것이 인심이라는 말이다.

따라서 사탄은 첫 번째 시험으로는 욥의 경건이 까닭 없는 경건인지 아닌지를 알 수 없지 않느냐고 그의 주장을 내세운다. "이제 주의 손을 펴서 그의 뼈와 살을 치소서 그리하시면 틀림없이 주를 향하여 욕하지 않겠나이까"(2:5). 이로써 하나님은 사탄에게 두 번째 시험을 허락하신다.

두 번째 시험에서 하나님은 욥의 생명만은 해치지 말라고 사탄에게 말씀하신다. 하나님은 욥의 생명을 귀하게 여기신다. 욥이 죽어버리면, 그의 경건이 까닭 없는 경건이었는지 아니었는지 알 길이 없기 때문이다. 두 번째 시험으로 인하여 욥은 온 몸에 악창이 나서 잿더미에 앉아 있게 된다. 그가 재인지, 재가 그인지 알아보지 못할 정도로 욥은 잿더미 위에 앉게 되고, 가려움증으로 고통하며 기와 조각으로 자기 몸을 긁고 있었다 (2:7-8).

그래도 아무 말도 하지 않는 욥의 모습을 본 아내는 "당신이 그래도 자기의 온전함을 굳게 지키느냐 하나님을 욕하고 죽으라"고 말한다 (2:9). 어거스틴은 욥의 부인이 이러한 말을 하였다고 해서, 그녀를 "마귀의 조수"라고 불렀다. 그러나 또 어떤 이는 욥의 부인은 이 대목에서 아무도 감히 말하지 못하는 현실을 솔직히 토로하는 "최초의 여성 신학자"라고 부르기도 한다.

그의 부인의 상심한 말에 대하여 욥은 그런 말은 어리석은 말이라고 대답하면서, "우리가 하나님께 복을 받았은즉 화도 받지 아니하겠느냐" (2:10) 라고 대답한다. 욥은 하나님에게서 복을 받았다고 고백한다. 여기서 다만 욥은 재앙이 어디에서 오는 것인지는 명시하지 않으면서, 인생에서는 화복이 있다는 것을 수긍한다.

욥은 끝까지 그의 몸에 재앙이 왔어도 "입술로 범죄하지" 않는다. "입술로"라는 말은 은유 용어(metaphor)로 욥이 어떠한 모습에서도 범죄하지 않았다는 것을 시사하는 단어이다. 욥은 그의 순수함을 지켰고, 욥기를 읽는 사람은 욥의 경건은 사심에 따른 경건이 아니었다는 결론을 내리게 된다.

이때에 욥의 세 친구들이 욥의 재앙에 대하여 듣고, 그를 위로하러 와서 처참한 욥의 모습을 보고 운다. 칠일칠야를 욥과 아무 말도 하지 않고 앉아서, 그들은 친한 이의 아픔을 애통해 하는 친구들의 모습을 보여준다.

욥이 한탄하는 시 (3장)

하늘에서는 "까닭 없는 경건"이 있을 수 있을까 하는 의혹이 풀렸지만, 땅에서는 욥이 왜 고난을 받아야 했는가 하는 심각한 문제가 이제 머리를 들게 된다.

3장에서 욥은 그의 고난에 대하여 입을 열고 말한다. 욥이 한탄하는 시에서 처음 표적이 되는 것은 그가 태어난 날이었다. 그가 난 날이 없었더라면, 욥도 존재하지 않았을 것이며, 욥은 지금과 같은 고통을 당하지 않아도 되었을 것이다. 아이의 출생에 따르는 그때의 환희가 없었더라면 욥의 지금의 고통이 없었을 것이다.

이 욥의 탄원시에는 밤과 어두움에 대한 말이 많이 나온다. 이 어두움의 찬가는 성경 처음에 태초에 "빛이 있으라" 말씀하신 창조의 말씀과 대조가 된다. 하나님이 "빛이 있으라" 명하면서 시작하신 창조와는 반대로, 욥은 그의 생일에 대하여 어두움이 있으라 명령하며 한탄한다.

욥은 그가 태어난 날을 저주하고 죽음을 예찬한다. 태어났어도 나자마자 죽었더라면, 지금과 같은 고통은 없을 것이라고 말한다. 그때 죽었더라면, 지금쯤은 저 세상에서 편히 쉬면서 자고 있을 것이며, 거기서 임금과 모사들과 벗하고 있을 것이다. 죽음의 세계를 보면 악한 자가 날뛰는 것을 볼 수 없으며, 곤한 사람이 쉼을 얻는다. 저승에 간 사람은 되돌아오지 않아도 그 나름대로 잘 지내는 것으로 보인다.

그리고 욥은 저승에는 일하라고 독촉하는 감독관도 없다고 말한다. 또 세상에 살 때 큰 사람이었건 작은 사람이었건 죽어 묻혀 있기는 매일반이다. 죽음의 세계에는 철저한 평등 민주주의가 있다. 오히려 세상에서 고생하던 이는 죽음처럼 좋은 것도 없다. 거기서는 종이 죽는 순간 종살이에서 해방을 얻게 된다.

고통이 많은 사람에게는 죽음 자체가 그 고통에서 해방을 얻는 사건이 될 수도 있다. 죽는 사람은 그날로 고생이 끝나며, 살아 고통당하는 사람에게는 고생이 계속되는 법이다.

그러나 욥은 죽고 싶어도 죽음이 찾아오지 않기 때문에 죽지 못하는 형편에 처해 있는 사람이다. 죽은 사람에게는 아픔이 없건만, 욥은 살아서 마지막까지 아픔을 지고, 인생의 의미를 잃고 환멸에 가까운 삶을 계속하여 살아야 하는 형편이다. "나에게는 평온도 없고 안일도 없고 휴식도 없고 다만 불안만이 있구나" (3:26). 그에게는 탄식이 주식이요, 입을 열면 나오는 것은 아픔의 소리뿐이었다. 그 이유는 욥에게는 "불안만이" 있었기 때문이다.

2. 생활 속의 이야기

왜 세상에는 고난이 있는가? 라는 질문은 신앙인들이 가장 많이 던지는 질문 중에 하나이다.

신학교 다닐 때, 뉴저지 몽클레어라는 동네에 있는 어느 미국인 교회에서 일하면서, 인생의 고통에 관한 모임에 참석했던 적이 있다. 몸이 연로한 데서 오는 고통과, 배우자를 잃고 마음 아파하는 사람들을 위하여 마련된 모임이었다. 당시 담임목사이셨던 어니 포그 목사님이 이런 말씀을 하신 것이 기억난다. "아플 때는 아프다고 하는 것은 괜찮은 일입니다. 또 우리가 사랑하는 사람을 잃고 마음이 아플 때 우세요. 우는 것이 잘하는 것입니다."

아마도 많은 사람들은 어려울 때 참아야 한다고만 배워왔을 것이다. 우리 모두는 아무 말 없이 잘 참는 이들을 존경한다. 인내하며 사는 사람들을 보면 우리가 사는 삶에 대하여 감사하게 되고, 겸손한 마음으로 인생길을 가도록 도전해 주기도 한다.

그러나 몇 년 전에 무조건 참는다고 다 좋은 것만은 아니라는 연구조사가 발표되어 학계에서나 사회적으로 크게 관심을 보인 적이 있었다. 얼마 전에 세상을 떠난 엘리사베스 퀴블러-로스 박사는 "죽음과 죽기에 대하여" 라는 책을 1969년에 출판하였다. 그는 이 책에서 죽을 병에 걸린 사람은 부정, 분노, 홍정, 우울, 용납 등의 다섯 단계를 거친다고 하였다. 퀴블러-로스 박사의 이론은 고통을 당하는 사람마다 부인하고, 분노하고, 홍정하고, 우울해지는 단계를 다 거치며, 이 네 단계를 다 거친 후 마지막에 가서 용납의 단계에 도달한다는 것이다.

부정, 분노, 흥정, 우울, 이 네 단계를 하나씩 거쳐 가면서 잘 견디어내지 못하고, 어떤 한 단계에 머물러 있거나, 건너뛰어서 용납의 단계로 가는 것은 결코 건강한 일이 아니다. 고통을 차근차근 상대한 사람은 정신면에서 오히려 건강하고, 고통을 솔직히 상대하지 못한 사람에게는 독이 되어 훗날 병으로 나타나는 경우가 있기도 한다. 고난에는 쓰디쓴 사람을 만들 수 있는 독소가 들어 있어서 고난의 독을 전염시키기도 하며, 주위에 있는 사람에게도 쓰디쓴 뒷맛을 남기는 경우를 만들어내기도 한다.

 그런가 하면 고난은 우리에게 우리가 가진 삶이 얼마나 귀한 것인지 가르쳐 주어 삶의 환희를 가져오게 해주고, 다른 사람의 아픔에 대하여도 후한 마음을 심어줄 수 있는 계기를 만들어 주기도 한다. 물론 꾹꾹 잘 참는 인내의 용사에게서도 삶의 후함이 나올 수 있으나, 이러한 후한 마음은 아픔을 무조건 눌러 두는 환경에서보다 아픔에 대하여 솔직히 말할 수 있고, 또 그 말을 들어주는 환경에서 더 잘 자라나게 된다.

 욥기가 우리에게 주는 큰 교훈은 한편으로 묵묵히 참고 지내는 욥의 모습을 보여줄 뿐만 아니라, 다른 한편으로는 고난에 대하여 솔직한 욥의 모습을 뚜렷하게 나란히 둘 다 보여주고 있다는 점이다. 욥기 1—2장에서 욥은 잘 참고 침묵을 지키는 욥의 모습이 있는가 하면, 또 3장에서는 욥은 적나라한 언어로 그의 아픔을 인정하는 솔직함을 보여준다.

 간단하게 말해서, 욥기가 우리 생활에 가르쳐주는 신앙의 모습은 과묵히 참아 입으로 범죄하지 않고, 자기 고통에 대하여 솔직할 수 있는 모습이다.

3. 묵상을 위한 질문

(1) 하나님은 왜 욥이 고난당하도록 허락하셨을까? 인간이 당하는 모든 고난이 하나님으로부터 온 것일까?

(2) 욥기 1—2장의 경우, 욥은 유별나게 경건하기 때문에 고난의 시험의 대상이 되었다고 한다. 우리의 삶 속에서 고난과 경건은 어떤 관계가 있다고 생각하는가?

(3) 고난당한 이웃의 아픔에 대하여 어떠한 자세를 취하는 것이 신앙인다운 모습이라고 생각하는가?

4. 결단에의 초청

우리가 당하고 있는 고난에 대한 이유를 다 이해할 수 있는 사람은 아무도 없습니다. 욥도 하늘에서 벌어진 일을 다 이해하지 못했습니다. 고난은 우리가 앞뒤의 정황을 잘 따져본다고 해서 이해되는 것이 아닙니다. 지금 우리가 당하고 있는 고난에 대하여 우리가 알 수 없는 부분이 많이 있다는 사실을 인정할 수 있도록 지혜를 구합시다.

고난의 이유를 다 알지 못하는 상황이라고 하더라도 우리는 그 고난 자체에 대하여 적나라하게 생각해 보고 표현할 수 있습니다. 욥기가 정경에 포함되어 있는 것을 보아서도, 신앙생활은 고통을 무조건 덮어 두고 모른 척하는 것을 요구하지 않습니다. 다른 사람의 고난에 대하여 우리가 들어줄 수 있는 마음과 그 고난을 함께 아파할 수 있는 마음이 생길 수 있도록 함께 기도하고 노력합시다.

제2과
위로하러 왔다가
욥기 4-14장

1. 성경 이해

 욥과 세 친구들 간에 오고간 대화를 읽기 전에 우리는 2장 11절에 언급되어 있는 욥의 세 친구가 온 목적을 다시 생각해 볼 필요가 있다. 욥의 세 친구인 엘리바스, 빌닷, 소발은 욥을 위로하기 위하여 왔다. 그러나 욥의 세 친구가 입을 열고 말하기 시작하면서 그들은 욥을 공격하게 되었고, 위로하러 왔던 친구들의 모습에서 그야말로 원수 같은 이들로 둔갑하게 되었다.

엘리바스의 첫 번째 대답 (4—5장)

 데만 사람 엘리바스의 대답은 좀 애매한 부분이 있다. 아마 엘리바스는 처음부터 욥이 죄인이라고 호통을 치며 회개하라고 외치고 싶은 마음이 없었던 것 같다. 엘리바스에게는 이전에 여러 사람에게 지혜와 격려를 주고 연약한 자들을 도와주었던 욥의 행적(4:3-4)이 너무 기억에 생생하였기 때문이다. 엘리바스는 하나님을 의뢰하고 경외하는 욥의 행위가 완전하다고 생각하였는데, 어이 된 일인지 의아해 하는 모습을 보이기도 한다.

엘리바스는 "악을 밭 갈고 독을 뿌리는 자는 그대로 거두나니" (4:8) 라고 하면서 죄 없이 망한 사람이 하나도 없다고 말한다. 그는 아직은 대놓고 욥이 죄인이라고 말하지 않지만, 한 번이라도 욥이 죄인이라는 것이 발견되면 모든 문제가 풀리게 말 받침을 깔아놓고 있다.

엘리바스는 어느 날 밤 잠자다 본 환상(4:13)을 말하면서 의로운 사람이 없다고 말한다. 그가 본 환상의 내용은 인간이 하나님보다 의롭지 못하며 인간은 근본적으로 깨끗하지 못하다는 것이다. 그가 여기서 계시를 사용하는 이유는 그의 순결(?)과 인간의 불결(!) 두 가지가 상충되게 들릴지 모르는 상황에서, 자기가 하는 말을 증명하지 않아도 되도록 수사법을 쓰고 있는 것이다.

엘리바스는 하나님의 세계에는 질서가 있어서 죄인의 뜻은 좌절될 것이며, 재앙에는 다 이유가 있다고 말한다. 악한 자는 다 망하게 되어 있고, 혹 어리석은 자가 잘 되는 것 같이 보일 때에도 그런 일은 참을 수가 없다고 말한다. "내가 미련한 자가 뿌리 내리는 것을 보고 그의 집을 당장에 저주하였노라" (5:3). 그는 세상만사에는 다 원인이 있다고 생각한다.

엘리바스는 욥이 이제라도 하나님을 의지하고 지금 받고 있는 고난을 징계의 복이라 생각하면, 하나님이 그를 온갖 환난과 역경에서 구해주실 것이라고 말한다. "하나님은 아프게 하시다가 싸매시며 상하게 하시다가 그의 손으로 고치시나니" (5:18). 엘리바스가 이해하는 우주는 질서가 정연한 세상이다. 그는 욥이 이 질서에 대하여 순리로 순응하여야 한다고 생각한다.

욥의 대답 (6—7장)

그러나 욥은 그의 친구 엘리바스가 자신이 당하는 고통에 대하여 전혀 무감각하다고 생각한다. 욥이 당하는 괴로움과 파멸을 저울에 달아 보면 "바다의 모래보다도 무거울 것이라"고 말한다 (6:3). 욥의 친구들은 욥의 문제에 대하여 겁을 낼 뿐, 그것을 이해하려는 마음이 전혀 없다. 욥은 그의 친구들을 잠깐 있다 없어지는 개울물에 비교하고 인생의 갈증을 해결할 수 없는 이들이라고 비난한다 (6:15).

욥도 친구들이 말하는 것이 전통에 의한 지혜에서 나오는 지당한 말이라는 것을 알고 있다. 그러나 그들은 그 옳은 말을 엉뚱한 경우에 쓰고 있다는 것이다. 그들은 그들이 옳다고 생각하는 명제를 지키기 위해서는 친구의 정과 인생의 따뜻함을 저버릴 준비가 되어 있는 이들이었다.

욥이 보기에 이 모든 것의 책임은 하나님께 있다. 그래서 욥은 직접 하나님에게 항의한다. "내가 바다니이까 바다 괴물이니이까 주께서 어찌하여 나를 지키시나이까" (7:12). 여기서 "바다"와 "괴물"은 혼돈의 세력을 상징한다. 하나님은 이 혼돈의 세력을 제어하시고 우주를 창조하셨으며, 이 혼돈의 세력이 다시 돌아오지 못하도록 창조를 섭리하신다. 욥은 그가 창조 질서에 무슨 큰 도전이라도 받듯이 하나님은 그에게 이토록 깊은 관심을 보이시는가 의아해 하면서, 그러한 하나님의 관심을 오히려 숨은 뜻이 있는 집착으로 해석한다.

또 설령 욥이 무슨 죄를 범했다 해도 그것이 하나님께 무슨 큰 해가 된다고 그에게 그러한 고통을 주시는지 항의한다. "사람을 감찰하시는 이여 내가 범죄하였던들 주께 무슨 해가 되오리이까 어찌하여 나를 당신의 과녁으로 삼으셔서 내게 무거운 짐이 되게 하셨나이까" (7:20).

욥은 그의 고통을 생각해 보건대 하나님은 그가 지은 죄를 절대로 용서할 마음이 없으신 것으로 생각한다. 그러한 상황에서 인간이 가장 흠모할만한 것은 죽어 티끌로 돌아가는 것이다. 죽어 없어진 다음에는 하나님이 욥을 찾으셔도 그는 그 자리에 없을 것이며, 하나님은 그를 더 해하실 수 없을 것이라고 욥은 생각한다.

빌닷의 첫 번째 대답 (8장)

첫 번째 친구 엘리바스와는 달리 욥의 두 번째 친구 수아 사람 빌닷은 처음부터 욥에게 화를 낸다. 의롭지만 고난으로 외로웠다는 욥의 말을 빌닷은 수용할 수가 없었다. 하나님의 정의에 문제가 있다는 욥의 말을 "거센 바람"이라고 부르며, 욥의 자식들이 죽은 것은 죄를 지은 증거 때문이라고 단정한다. 빌닷은 욥에게 하나님을 부지런히 구하고 정직한 삶을 살아야 한다고 촉구한다. 청결하고 정직하면 "네 시작은 미약하였으나 네 나중은 심히 창대하리라"(8:7)고 말한다.

빌닷에게 무엇보다 중요한 것은 전통이었다. 전통에 의하면, 모든 일에는 원인과 결과가 있으며, 의인은 성하고 악인은 망한다고 되어 있다. 욥은 이러한 것이 있을 수 없다고 말하기 때문에 빌닷이 화를 낸다. "너를 미워하는 자는 부끄러움을 당한 것이라 악인의 장막은 없어지리라"(8:22)고 말하며 응답을 마무리 짓는다.

욥의 대답 (9—10장)

욥은 친구들이 하는 말을 다 알고 있다. 인간이 의로울 수 없다는 것과, 하나님을 감히 거역할 수 없는 분이시라는 것을 알고 있다. 욥에게 하나님은 무한한 힘을 가지고 계신 분이시고, 그는 "측량할 수 없는 큰 일을, 셀 수 없는 기이한 일을 행하시"(9:10)는 분이시다.

그런데 욥은 하나님이 그 무한한 힘을 가지고 도대체 무슨 일을 어떻게 하시는지 알 수가 없다는 것이다. 하나님께는 선악이 매일반이라면, 그 하나님은 도대체 어떠한 하나님이시라는 말인가? 그래서 욥은 하나님과 옳고 그른 것은 한번 따져 보고 싶어도 객관적인 입장에서 합당하게 판결을 해줄 재판장이 없다는 것이다 (9:33). 세상에 억울한 것은 하나님이 재판장이 되어 주시지만, 하나님에 대하여 억울한 것은 누가 심판해 줄 수 있을 것인가?

그래서 욥은 왜 하나님이 그의 피조물을 학대하시냐고 항의한다 (10:3). 욥이 보기에 하나님은 오히려 악인들은 그냥 내버려 두신다. 욥은 하나님의 시력에 문제가 있지 않는가 생각해 본다. "주께도 육신의 눈이 있나이까 주께서 사람처럼 보시나이까" (10:4).

욥은 그가 선하다는 것을 하나님도 아시리라고 확신한다. 주의 손으로 욥을 빚으시고, 피부와 살로 입히시고, 뼈와 힘줄로 엮으시고, 생명과 은혜를 주셨다. 그런데 이 모든 것이 선한 목적인줄 알았는데, 욥은 이제 하나님이 그를 사자처럼 사냥하신다는 느낌이 든다. 욥은 그를 태어나게 하신 목적은 혹 진노의 대상으로 삼으려고 하신 것이 아닌가 생각해 본다.

욥은 하나님이 자신을 "버려두사 잠시나마 평안하게" 해달라고 호소한다 (10:20). 하나님은 이 사정을 시정하셔야만 한다. 욥이 돌아오지 못하는 땅, 음침한 사망으로 넘어가면 모든 것이 다 끝나 버린다.

소발의 첫 번째 대답 (11장)

세 번째 친구로 등장하는 나아마 사람 소발은 욥의 말의 내용을 못마땅하게 생각할 뿐 아니라, 욥이 말을 너무 많이 한다는 점이 불만스럽다. "말이 많은 사람이 어찌 의롭다 함을 얻겠느냐" (11:2 하반절). 소발이 보기에 욥은 의로운 사람이 아니라 해로운 사람이었다.

욥이 처음에 불평하는 문제는 이제 이차적인 문제가 되고, 욥이 "자랑하는 말"(11:3)을 하였다는 것이 소발에게는 제일 큰 죄목이 되어버렸다. 소발의 생각에는 욥이 유한한 인간임에도 불구하고 어리석게 하나님의 오묘하심을 모른 채 대들고 있다는 것이다. "하나님은 허망한 사람을 아시나니 악한 일을 상관하지 않으시는 듯하나 다 보시느니라" (11:11). 하나님은 어느 한 순간에 악인을 끊으실 것이다.

소발은 욥에게 마음을 바로 정하고 무엇이든지 죄악을 지은 것이 있으면 회개하라고 촉구한다. 소발은 회개하는 이에게 하나님은 환난에서 건지시며 회복을 주실 것이라고 주장한다. 또 소발은 마지막에서 죄인은 다 죽을 것이라고 덧붙인다.

욥의 대답 (12—14장)

욥은 전통적인 지혜가 얼마나 무의미한가를 깨닫게 된다. 죽을 수밖에 없는 인간의 지혜란 사람이 죽으면 같이 없어지는 지혜이다. 그런 기본적인 상식에 대하여서는 욥도 친구들만큼 잘 알고 있다. 욥의 친구들은 그렇게 삼척동자가 다 아는 이야기를 가지고 열을 낼 필요가 없다. 그러한 아집을 가지고 거기 걸려들 사람을 기다릴 일이 아니다. 욥은 그러한 아집을 버리고 한번 생각할 필요가 있다고 지적한다. 악인이 멀쩡히 살고 있다는 것은 모든 만물들도 다 알고 있다. 지혜롭다는 친구들이 외면하여 고개를 돌려도, 이 만물들은 이러한 현실의 부정한 모습의 책임이 하나님께 있다는 것을 알고 있다.

이러한 상황에서도 친구들은 거짓을 지어내고 전혀 도움이 되지 않는 말만 계속하고 있다. 욥은 왜 친구들이 그에게 말을 하게 내버려 두지 않는지 이해할 수가 없다. 그래도 욥은 한 가닥의 소망을 버리지 않는다. 그는 하나님에게 자신에게 손을 대지 말고 그에게 대답해 주시기를 요청한다. "내가 말씀하게 하옵시고 주는 내게 대답하옵소서" (13:22).

욥이 하나님으로부터 대답을 구하는 데에는 깊은 의미가 있다. 그 대답 자체가 욥의 온전함을 입증하여 줄 것이기 때문이다. "경건하지 않은 자는 그 앞에 이르지 못하나니 이것이 나의 구원이 되리라" (13:16). 하나님은 악인에게 답을 하시지 않는다. 하나님이 악인에게 나타나시게 되는 경우 악인은 살아남을 수 없게 된다. 신현(神現)에는 신원(伸寃, 원통한 일을 풀어 버리는 것)의 의미가 있다.

욥은 밑둥만 남은 나무에 물 기운이 돌면 움이 나서 연한 가지가 끊이지 아니하며 생명이 쇄신되는 것을 알고 있다. 그러나 사람은 죽으면 그만이다. 욥은 하나님이 그의 진노가 가라앉을 때까지 음부에 숨겨놓으시기라도 할 수 있을까 생각해 본다. 때가 되어 하나님이 부르실 때 그가 대답하며 나올 수 있을 것을 욥은 상상해 본다.

2. 생활 속의 이야기

어느 세미나에서 설교를 하면서 한 예화를 든 기억이 난다. 젊은 약혼자들이 결혼식을 하러 가다가 자동차 사고로 둘 다 죽게 된다. 하늘나라에 간 이 두 사람은 하나님께 가서 하늘에는 장가가고 시집가는 일이 없지만, 저 땅에서 결혼할 참에 죽었으니 하늘에서라도 결혼해서 한 번 살아보고 싶다고 말한다. 하나님은 아주 곤란해 하시며 "최선책을 찾아 볼 터이니 가서 기다리라"고 말씀하셨다.

10년이 지난 후, 하나님께서 그들을 급히 부르시면서 이제 결혼식을 할 수 있다고 하셨다. 그래서 목사님의 주례로 결혼을 하고 살게 되었는데, 얼마 살다 보니 결혼생활에 권태를 느끼게 되었다. 이 두 부부는 하나님께 가서 이혼시켜 달라고 원상복구를 요청하게 된다. 그렇지만 하나님은 이혼은 더 어렵다고 대답을 하신다. 이 두 부부가 어차피 천국에는 장가 시집가는 일이 없는데 왜 어렵느냐고 질문하니까, 하나님의 대답이 너희들을 결혼시켜 주려고 주례목사를 십 년 걸려 하나 찾았는데, 너희들을 이혼시켜 줄 변호사는 어디서 찾느냐? 하시는 것이었다.

다들 재미있다고 웃고 예배를 마치고, 저녁 식사를 하는데 옆에 앉은 한 분이 이야기 중에 나에게 하는 말이, "선생님은 변호사들을 싫어하시나요?" 라고 질문을 하였다. "변호사들을 싫어해서 그런 예화를 한 것은 아니었습니다. 도와주어야 할 사람이 도움이 안 될 때가 있다는 뜻을 전하려 할 뿐이었습니다" 라고 내가 대답하였다. 안도의 표정을 띠는 그분의 직업을 알고 보니 변호사였다. 그 후에 신학교 수업시간에도 같은 예화를 쓰곤 하였는데, 크게 웃기에 이야기가 재미있어서 그런 줄 알았는데 알고 보니 학생들 중에 변호사와 판사가 끼어 있었던 것이다. 그 다음부터 같은 예화를 조심해서 하되, 그 의도를 분명히 설명하고 넘어간다.

사실 목사나 변호사는 사람들에게 도움을 주기 위하여 있는 직종인데, 우리가 오히려 도움을 주는 대신 남의 길을 막는 경우가 종종 있다. 사실 가만히 생각해 보면 세상의 직종은 거의 다 어떤 모양에서든지 도움이 되라고 있는 직종이다. 그러나 도움을 주어야 하는 직종이 때로는 제일 큰 방해가 되는 경우를 볼 수 있다.

친구들이 처음 소개되었을 때에 그들은 욥을 위로해야 할 책임을 맡고 온 사람들이었다. 욥의 친구들은 친구의 고난을 보고 마음이 아파 애통해 하며 칠일칠야를 아무 말도 못하고 욥 앞에 앉아 있었다. 그들이 아무 말도 하지 않는 동안 참 위로가 되었는데, 그들이 입을 열어 말하기 시작하자 그들은 위로하는 모습에서 사람을 피곤하게 만드는 모습으로 변하게 된다.

3. 묵상을 위한 질문

(1) 욥의 세 친구들이 욥에게 요구하는 것은 무엇인가? 또 그렇게 요구하는 이유가 무엇이라고 생각하는가?
(2) 욥의 친구들은 욥이 당하는 고난의 원인이 무엇이라고 생각하는가?
(3) 상대방의 고통을 들어 주고 이해하는 데에 꼭 필요한 자질은 무엇인가?

4. 결단에의 초청

우리 주위에는 질병으로 아픔을 당하는 사람들이 많이 있습니다. 현대 의학이 이들에게 많은 도움을 주고 있지만, 이들에게 가장 필요하면서 얻기가 힘든 것은 위로의 말입니다. 위로가 필요한 사람을 앞에 두고 이론의 공론을 피우지 맙시다. 욥기의 말씀은 우리가 때로는 전통과, 신학과, 이론을 뒤로 미루어 놓고 고난당한 사람에게 위로를 전하는 것이 중요하다는 것을 가르쳐주고 있습니다.
우리도 우리가 지금까지 받은 신앙 교육을 떠나서 아픔을 당하고 있는 사람에게 위로가 될 수 있는 말을 하는 신앙인이 되려고 노력합시다. 욥의 친구들과 같이 따뜻하게 위로하려 왔다가 따끔하게 고난당한 사람을 치는 공론가들이 되지 않도록 노력합시다. 우리는 정말 욥의 친구가 원래 왔던 목적대로 아픈 사람들에게 위로를 주는 사람들이 되려고 노력합시다.

제3과
믿을 만한 세상은 어디에?
욥기 15-21장

1. 성경 이해

엘리바스의 두 번째 대답 (15장)

  엘리바스는 욥의 말이 백해무익해서 그의 간사한 말을 듣고 있노라니 하나님 앞에 묵상을 할 수 없다고 비난한다. 엘리바스가 보기에 이제 욥은 그가 한 말로 자기 자신을 정죄한 셈이다.

  자신의 사정을 아무도 이해해 주지 못한다는 욥의 탄원에 대하여, 엘리바스는 욥은 알고 있다고 말하며 자기들이 모르는 것이 무엇이냐고 반박한다. 엘리바스는 욥의 탄원의 "왜?"를 비난의 "왜?"라는 질문으로 변질시킨다. 욥이 친구들에게 왜 그렇게도 모르냐고 비난했을 때, 그 친구들은 그 가운데 담긴 아픔의 이야기를 듣지 못하였고, 그들에 대한 비난의 이야기만 들은 것이다.

  엘리바스는 욥이 말한 내용과 태도에 대하여 분노를 느끼고 있다. 친구들에게는 지혜가 결여되어 있다는 욥의 말에 대하여 엘리바스는 "우리 중에는 머리가 흰 사람도 있고 연로한 사람도 있고 네 아버지보다 나이가 많은 사람도 있느니라"(15:10)고 말하면서 욥을 꾸짖는다. 그 당시

나이가 많다는 것은 지혜를 상징하였다. 엘리바스는 욥이 나이 많은 이들에게 올바른 경의를 표하지 아니하였다고 책망한다. 그리고 그가 한 말이 다 옳은 말인데, 욥이 그의 말을 배격하였다는 데에 대하여 분노한다. 엘리바스는 그 나름대로 "하나님의 위로와 은밀하게 하시는 말씀"(15:11)을 전해 주었다고 생각한다. 그런데도 불구하고 욥은 눈을 부릅뜨고 반격을 하였다는 것이다.

엘리바스의 생각에 사람이란 악을 일삼는 "가증하고 부패한" (15:16) 존재이다. 조상으로부터 전수된 지혜의 가르침을 따르자면, 악인은 조만간에 확실히 망한다는 것이다. "그의 손을 들어 하나님을 대적하며 교만하여 전능자에게 힘을 과시"(15:25)한 이들은 망하여 허망한 데에 이르게 된다. 악한 생각은 불의가 그 열매요, 그 맺은 열매는 멸망이라는 것이 엘리바스의 요지이다.

욥의 대답 (16—17장)

욥은 "이런 말은 내가 많이 들었나니" 라고 말한다. 말을 하여도 아픔이 풀리지 않기 때문이었다. 욥은 하나님께 그의 수척한 모습이 죄의 증거가 되고 있다고 탄원한다. 하나님은 이제 욥을 불경한 자들이나 매일반으로 만들어 버리셨다. 하나님은 이제 적을 향하여 돌격하는 용사와 같이 욥을 향하여 공격을 가하고 계신다.

이러한 상황에서 욥은 죽음의 가능성 아래서 울고 있다. 하나님이 그를 적대시하시고, 친구들이 그가 죄인이라고 부르는 상황에서 욥은 그의 순결을 외친다. "그러나 내 손에는 포학이 없고 나의 기도는 정결하니라" (16:17).

이러한 억울한 사정에서 욥은 땅에게 "내 피를 가리지 말라"(16:18)고 요청한다. 성경에서 의인의 희생은 잠잠히 사라지지 않는다. 그의 피가 계속하여 정의를 요구하고 나선다. 의인의 피가 잠잠하지 않듯이, 욥의 피는 그의 억울함을 풀어달라고 외칠 것이다.

욥은 이웃과 담론하듯이 하나님과 담론하기를 간절히 구한다. 욥은 그가 정의를 찾을 길이 있을까 상상해 본다. "지금 나의 증인이 하늘에 계시고 나의 중보자가 높은 데 계시니라"(16:19). 욥은 그 누구인지 모르지만 욥의 온전함을 보증할 증인이 인간의 손이 닿지 않는 어느 곳에 계시다고 상상한다.

이제 욥은 지칠 대로 지쳐 있다 (17:1). 친구들의 위로는 욥에게 오히려 번뇌를 낳았다. 욥은 친구들의 답답한 태도 이면에 그들의 마음을 가리어 지혜가 없게 하시는 하나님이 계시다고 생각한다. 욥의 생각에는 하나님이 그를 조롱거리로 만드셔서 친구들이 그를 무시하게 만들어 놓으셨다. 그러나 결국 정직한 사람은 욥의 고난에 대하여 의분을 느낄 것이다.

욥은 이 모든 작은 소망이 시한부인 것을 알고 있다. 이제 죽음의 가능성을 앞에 두고 있는 욥은 죽음과 함께 소망이 사라져 가는 것을 보고 있다.

빌닷의 두 번째 대답 (18장)

빌닷은 욥의 말은 깨달음이 없는 말이라고 생각한다. 그는 욥이 무슨 일을 이야기한다고 세상이 변하는 것이 아니라고 말한다.

빌닷은 세상에서 악인의 길은 온갖 재앙이 따른다고 선언한다. 악인은 처음에는 강하고 또 꾀도 있는 것으로 보인다. 그러나 악인은 결국 자기 올무에 빠져서 몰락하게 될 것이다.

또 빌닷은 악인의 몰락을 갑작스럽게 오는 것으로 묘사한다. 그가 의지하던 모든 것을 잃고 사로잡혀 가서, 그가 거처하던 장막에는 그와 관계가 없는 이가 차지하게 된다. 빌닷은 악인의 처소는 피폐하고, 악인은 세상에서 잊혀진다고 단정한다. "참으로 불의한 자의 집이 이러하고 하나님을 알지 못하는 자의 처소도 이러하니라" (18:21).

욥의 대답 (19장)

이제 욥은 모든 사람으로부터 버림받은 것을 뼈저리게 느낀다. 욥의 친구들은 뻔뻔스럽게 자만심을 가지고 욥을 학대하고 있다. 그 이유는 이 모든 상황의 근본적인 원인이 하나님께 있다는 것을 알지 못하기 때문이라고 욥은 생각한다.

욥은 이 모든 상황을 생각해 보건대, 하나님이 주위 환경을 모두 어렵게 만드시면서 욥을 원수 같이 여기시며 그의 소망을 송두리째 없애 버리신다. 하나님은 욥이 무슨 큰 대역죄를 지은 죄인이듯이, 군대가 와서 성을 포위하듯이, 욥을 곤경에 빠뜨리며, 욥은 아는 사람이나 모르는 사람 모두에게 외인이 된다. 사람들은 고난에 처한 욥을 업신여기고 그 태도가 바뀌어 버린 것이다. 욥은 친구들에게 도움을 요청하지만, 친구들은 욥의 편이 되어 주기는커녕, 오히려 그를 핍박한다.

이제 욥에게는 남은 것이 없다. "내 피부와 살이 뼈에 붙었고 남은 것은 겨우 잇몸 뿐이로구나" (19:20).

억울한 사정을 당한 욥은 그의 말의 기록이 남아 있어 몇 백 년 가는 돌에 새겨지기를 원한다. 그러면 혹 언젠가 누군가 그의 온전함을 밝혀주지 않겠는가 생각해 본다.

이러한 극한 상황에서 그는 대속자를 찾는다. "내가 알기에는 나의 대속자가 살아 계시니 마침내 그가 땅 위에 서실 것이라" (19:25). 이 "대속자"가 누구인지에 대하여 성경학자들은 고심을 거듭하였다. 일반적으로 가장 가까운 친지가 대속자가 되며, 가까운 친지가 없는 사람들에게는 하나님이 대속자가 되어 주신다. 그러나 친지가 다 떠나고, 하나님이 대적이 된 상황에서 욥의 "대속자"는 누구인가? 대속자가 없는 것처럼 보이는 입장에서, 구원받을 소망이 끊어진 것처럼 보인다.

그러나 욥의 절규는 구속자가 없다는 절망이라기보다, 그러한 구속자를 갈구하는 욥의 소망으로 표현된다. 고통의 상황에서 때로는 이전에 그 유례를 찾아 볼 수 없는 의지의 대상을 설정하게 된다. 그것은 절망에 쓰러지지 않는 희망의 생명력이라고 할 수 있다.

그때 욥은 몸 밖에서 하나님을 뵐 것이라고 상상한다. "내 가죽이 벗김을 당한 뒤에도 내가 육체 밖에서 하나님을 보리라" (19:26). 이 구절은 때때로 부활에 관한 증언으로 해석되는데, 여기서 욥은 이생에서는 해결을 볼 수 없지 않을까 하는 점을 시사한다.

욥은 하나님을 뵙는 것을 포기하지 않았다. 살아서든지 죽어서든지 욥은 하나님을 볼 것이라고 말한다.

소발의 두 번째 대답 (20장)

이제 소발은 심판과 응보를 그의 대답에서 중심 주제로 삼는다. 악인의 일이 잘 될 때가 있고, 경건하지 못한 자가 성공할 때가 있으나, 이러한 현상은 일시적이며 그들은 얻었던 것을 다 잃게 될 것이다. 하나님은 그들이 차지한 재물은 다시 토해 내게 하신다. 불의로 얻는 재산은 자손에게 물려 줄 수 없다 (20:29).

욥의 대답 (21장)

이에 반하여 욥은 심판과 응보가 아무런 관계가 없다고 지적한다. 악인이 장수(long life)를 누리고, 힘을 쓴다. 악인의 자손도 그 악의 부(wealth)를 누린다. 악인의 집이라고 해서 가축이 불임하거나 낙태하는 것이 아니다. 악인은 이러한 축복을 누리면서, 양심이나 신앙의 가책을 받지 않는다. 오히려 그들은 하나님이 없는 것처럼 행동하고 다니면서, 하나님께 드리는 경건은 인생에 아무런 영향이 없지 않는가 하는 생각이 들게 한다.

욥에게는 질문이 하나 있다. 역사에서 하나님이 악인의 처벌에 직접 참여한 때가 몇 번이나 되는가? 욥이 보기에 삶에는 공평이란 없다. 어떤 사람은 죽도록 편하게 살기도 하고, 어떤 사람은 죽도록 고생하기도 한다. 게다가 편하게 산 사람이나 고생한 사람이나 죽어 구더기가 덮이기는 마찬가지다 (21:26). 친구들은 의인의 상과 악인의 벌의 원칙을 이야기하지만, 삶의 주위를 살펴보면 사실 그러한 원칙을 선명하게 증명해 줄 자료는 없다.

2. 생활 속의 이야기

공항에는 음식점이 제한되어 있어서, 대합실에 있는 사람이 들고 있는 점심 봉투가 거의 같은 경우가 많다. 제과점은 더욱 드문 것이 현실인데, 어떤 아가씨가 탑승을 기다리면서 먹으려고 과자 한 봉지를 사가지고 자리에 앉아 책을 읽기 시작하였다.

책을 한참 읽다 보니 한 자리 건너서 앉은 옆 사람이 그 두 사람 사이에 놓인 과자 봉지에서 과자를 하나 꺼내 먹는 것이었다. 미안하다는 말 한 마디 없이 내 과자를 꺼내 먹는 사람이 괘씸하였지만, 과자 가지고 말싸움을 하고 싶지 않아서 그냥 자기도 과자를 꺼내 먹었다. 그녀가 과자를 하나씩 먹을 때마다 옆의 사람도 하나씩 꺼내 먹었고, 드디어 과자 봉지 바닥에는 마지막 과자 한 개만 남게 되었다. 어떻게 하나 보자고 벼르고 있자니 그 옆 사람은 서슴없이 그 마지막 과자를 집어 들고, 반으로 쪼개서 웃으면서 반은 아가씨에게 주고 반은 자기가 먹는 것이었다. 세상에 이런 예의가 없는 사람이 어디 있느냐고 이맛살이 찌푸려지는 순간, 탑승 안내가 스피커를 통해 흘러 나왔고, 아가씨는 옆에 앉은 사람을 피할 수 있게 되어서 너무 잘 되었다고 일어나서 비행기에 올랐다. 그 뻔뻔한 옆 사람의 생각을 이제 뒤로 두고 나머지 여행을 독서나 하며 지내려고 가방을 열어 보니 그 가방 안에는 개봉되지 않은 과자 봉지가 고스란히 들어 있는 것이 아닌가! 자기가 산 과자가 봉지 채 가방에 있는 것을 본 순간, 그 아가씨는 공항 대기실에서 그 사람과 신경전을 벌인 과자가 누구 것이었는지를 알게 되었다.

이러한 사건은 우리가 정확히 알고 있다고 확신하는 상황이라고 하더라도 언제나 그렇지만은 않을 수도 있다는 것을 고려할 필요가 있다는 교훈을 가르쳐 준다. 이를 서양에서는 의심의 특혜(benefit of doubt)라고 부르는데, 당장 눈에 보이는 것과는 사정이 다를 수 있다는 것을 생각하는 아량을 보이고, 또 의심의 여지가 없는 것으로 보이는 상황에도 현실은 전혀 딴판일 수 있다고 감안해 주는 인생의 지혜이다.

우리는 세상만사가 우리가 이해할 수 있는 원리와 원칙에 따라 진행된다고 믿고, 매일의 삶이 이러한 질서에 대한 신뢰 하에서 진행된다고 생각한다. 그래서 우리는 일반적으로 원리 원칙에 어긋나는 것에 대하여 고통스러워한다. 특히 신앙이나 신학의 경우에 종래에 믿어 왔던 것과 사실이 다를 수 있다는 것은 때로 삶의 안정 기반을 흔들어 놓는 것과 같은 영향을 줄 때도 있다.

이러한 경우 알고 있는 원리원칙대로 우기는 것도 도움이 되지 않는다. 우리에게는 우리가 종래 생각하였던 것과는 현실이 전혀 다를 수 있다는 생각을 수용할 수 있는 인생의 지혜가 필요하다.

3. 묵상을 위한 질문

(1) 우리는 어느 사람이 죄가 있다는 생각이 들면, 그러한 생각을 고치기 어려울 때가 많다. 그러한 선입관을 가지고 사람을 보면 그 사람의 모든 것이 잘못된 것으로 보여 처음에 정죄한 것이 꼭 맞는 것처럼 느껴지게 된다.

이러한 선입관의 고집으로부터 우리는 어떻게 하면 우리 자신을 해방시킬 수 있을까?

(2) 세상의 모든 질서의 법칙이 무너졌다고 실망하는 사람에게 우리가 해줄 수 있는 이야기는 무엇일까?

(3) 고난에 대하여 과거부터 이해하여 오던 이해 체계가 더 이상 그 효력을 나타내지 못할 때, 우리는 어떠한 모습으로 위로의 말을 전하여 줄 수 있는가?

(4) 삶에는 죽음이라는 현실이 있다는 것을 생각할 때, 삶의 여정 가운데 우리가 우리 주위에 있는 사람들에 대하여 가져야 할 관대한 모습의 구체적인 예로는 어떤 것들이 있는가?

4. 결단에의 초청

우리는 책을 읽고, 강의를 듣고, 또 자료를 찾아 가면서 우주가 돌아가는 원리에 대하여 열심히 연구하는 것을 귀하게 여기고 있습니다. 또 공부를 많이 하여 우주의 신비를 밝힌 사람들을 존경합니다. 그리고 그 연구 결과를 배우고 그것에 따라 삶을 정돈하려고 합니다.

이러한 우주의 신비를 연구하는 사람들은 우선 잠정적인 가설로 연구를 시행합니다. 그들은 그때 상황에서 만들 수 있는 가장 유력한 가설(hypothesis)을 설정합니다. 우리는 일반 대화에서 가설이라고 하면 거짓의 요소를 생각하지만, 연구에서 가설의 허구성은 아직 연구를 마치지 못하였다는 부분에 대한 솔직한 고백일 뿐입니다. 생각하는 사람들은 그 다음 연구를 거듭하여 그 가설의 힘을 시험하여 봅니다. 만일 계속되는 연구를 통하여 그 가설의 타당성이 없으면 가차 없이 포기하고 새로운 가설을 설정할 필요가 있습니다.

그런데 때로는 장기간에 걸쳐 유력함을 보이는 가설이 있습니다. 이러한 매력이 있는 가설을 포기하기란 쉬운 일이 아닙니다. 예를 들면, 수백 년이 넘도록 인생과 사회를 이해하게 도와준 가설에 맞지 않는 자료가 나올 때, 우리는 심히 고통스러워하게 됩니다. 그 가설이 사회의 기반에 안정을 주는 가설이었다고 하면, 그 가설을 포기하는 것은 사회의 안정감에 압박을 주는 일입니다.

그러한 의미에서 처음부터 그렇다고 믿었던 부분이 신앙생활과 연결되어 있을 때에 종래의 견해를 수정한다는 것은 더욱 어려운 일입니다. 이러한 상황이 벌어질 때, 우리는 우리에게 확실한 교리를 고집하는 것을 일단 정지하고 다른 사람의 말을 들어줄 아량이 필요합니다. 특히 고난당하는 사람을 앞에 두고 모든 신학과 체계를 포기할 준비를 해야 합니다.

우리는 아픈 사람을 품어 주는 일에는 종전의 확신을 괄호 속에 집어넣고 (뒤로 미루고) 아픈 사람의 말을 들어 줄 필요가 있습니다. 증명할 수 없는 죄로 사람을 마구 정죄할 것이 아니라, 세상에는 죄와 벌이 항상 직결되어 있지 않다는 것을 감안할 필요가 있습니다. 우리에게는 이렇게 우리의 확신과 상반되는 모습을 수용할 수 있는 용기가 절실하게 요구됩니다.

제4과
대화의 막다른 골목에서
욥기 22-28장

1. 성경 이해

무너진 대화 (22—27장)

 욥의 세 친구인 엘리바스, 빌닷, 소발이 차례대로 말을 하고, 욥이 한 사람씩 대답을 해주는 대화의 주기는 욥기에서 세 번에 걸쳐 진행된다. 4—14장에서 첫째 판의 대화가 나오고, 15—21장에서 둘째 판의 논쟁이 벌어지고, 이제 22—27장에서는 셋째 판의 논란이 벌어진다.
 이제 세 번째 대화에서 엘리바스는 사람이란 하나님께 유익을 끼칠 수 없는 존재라고 선언한다. 엘리바스는 아무리 의로운 사람이라고 하여도 그의 의로 하나님을 깜짝 놀라게 할 만한 사람은 없다는 견해를 가지고 있다. 이어서 엘리바스는 욥의 고난이라는 현실을 토대로 하여 욥의 죄목을 가정한다. 앞에서 나온 대화의 내용을 비교해 보면, 여기서 엘리바스는 홧김에 욥을 아주 못된 사람으로 묘사하고 있는 것을 볼 수 있다.
 엘리바스는 욥에게 회개하면 죄가 많은 사람도 하나님이 구원하여 주신다고 말하면서 하나님께 순복하여 하나님과 화목하라고 (22:21) 권면한다.

욥기 23—24장에는 욥의 대답이 나오는데, 이 부분에서 욥은 엘리바스에게 할 말이 한 마디도 없다. 대신 까닭없이 고난을 당하면서 애매하게 친구들에게 매도당한 욥은 하나님이 어디에 계신지 찾을 수가 없다고 선언한다.

욥은 앞으로, 뒤로, 왼편으로, 오른편으로 하나님을 찾아보았으나 아무 데에서도 하나님이 보이지 않는다. 이는 하나님이 존재하시지 않는다는 말이 아니라, "하나님이 나의 마음을 약하게 하시며 전능자가 나를 두렵게 하셨나니" (23:16) 라고 말하는 것으로 보아 욥은 하나님의 부재가 일으키는 그의 고통을 표현하고 있다.

세상에는 불쌍한 사람이 많은데, 하나님은 아무런 조처도 취하지 아니하시며, 불의가 많으나 그것을 외면하고 계신다. 하나님의 계획에는 이러한 일들을 항상 정할 계획이 있는 것으로 보이지는 않는다 (24:22-25). 하나님은 부당하게 그의 얼굴을 숨기시는 분이시다.

그 다음 25장에서 빌닷은 말하다가 마는 것처럼 여섯 절만 말하다가 만다. 26—27장에는 하나님께서 하시는 일이 명석하다는 내용이 섞여 있어 지금까지 욥이 계속하여 하는 말과는 상반되는 것을 보게 된다.

이렇게 보면 세 번째 주기의 대화에서는 무슨 새로운 이야기가 나오기보다는, 누가 누구에게 무슨 말을 하는지가 불분명하여지고, 이야기가 얽히고설키어 어느 부분이 누구의 이야기인지 알기 어렵게 되어 버린다.

본문의 형태에 대한 이러한 문제는 두 가지로 해석해 볼 수 있다. 우선은 간단하게 성경 사본의 전승의 과정에서 문서가 섞여 버렸다고 생각할 수도 있다. 또는 글 쓰는 이가 의도적으로 섞어 놨다고 볼 수도 있다. 글을 잘 읽어 보면, 의도적으로 했다기에는 너무 임의적인 면이 있다. 그러나 의도적으로 하지 않았다 하더라도, 현재 모양의 본문에서는 대화의 붕괴를 보여주는 아주 기묘한 대목이 되어 있다.

우리는 여기서 대화의 결렬을 목격하게 된다. 혼동에 잠긴 글의 모양이 섭리였던지 사고였던지―사고도 섭리 없이는 일어나는 것이 아닌데―이 부분에 오면 친구들이 열띤 대화로 기진맥진하게 된 모습을 보게 된다. 친구들은 근본적으로 어떤 면에서인지 확증할 수 없어도 욥에게 그의 고난에 대한 책임이 있다고 생각하는 반면, 욥은 끝까지 그의 순전을 주장한다. 이렇게 되면 이야기는 공전하게 되고 전혀 만날 수 없는 평행선을 달리게 된다.

지혜의 처소 (28장)

대화의 결렬에 이어서 28장에는 지혜를 찬미하는 내용이 나오는데, 사실 이 28장은 대화의 주인공이 누구인지 결정하기 어렵다. 일반적으로 현대 성경에서는 앞서 나오는 욥의 말과 연결한다. 그러나 이러한 관습은 어디서 인용 부호를 마쳐야 하는지 알지 못하는 번역자들의 고민을 반영할 뿐이다. (히브리어 성경에는 인용부호라는 것이 없다.) 또 내용을 보아도 누가 하는 말인지 시원하게 지정되어 있지 않다.

이 지혜의 찬미 내용을 보면 금, 은, 철 등은 나는 곳이 있으며, 사람의 기술은 그런 것을 찾아 낼 수 있어도, 지혜는 어디서 나오는지 알 수 없다. 재화는 발굴해서 낼 수가 있어도, 지혜는 그 처소를 알아 낼 수가 없다는 말이다.

위아래를 다 둘러봐도 지혜와 명철은 찾아 볼 수 없다. "사람 사는 땅에서는 찾을 수 없구나" (28:13).

또 이 지혜는 매매할 수도 없다. 지혜란 값을 매길 수도 없고, 돈을 주고서 살 수도 없는 것이 지혜이다. 지혜를 이렇게 아무 곳에서도 찾아 볼 수가 없다는 것은 지혜의 부재를 의미하는 것이 아니다. 보이지 않는다고 해서 지혜가 실종(失踪)된 것이 아니라는 것이다. 하나님만이 지혜를 알고 계시다는 뜻이다. 하나님은 이 지혜를 인간에게 완전히 거절하지 않으셨다. 사람에게 이르기를 "주를 경외함이 지혜요 악을 떠남이 명철이니라" (28:28).

고대나 현대에서 일반적으로 지혜는 신앙의 개념이기 보다 인생 처세술 혹은 인생을 살아가는 기술로 생각해 왔었다. 성경말씀은 이러한 통념에 대한 수정을 제시한다. "주를 경외함이 지혜이다." 사실 구약성경에는 우리가 종교라고 부르는 사항에 대한 말이 없고 이 주를 경외함이 종교와 가장 가까운 말이다. 우리가 종교란 말을 일단 절대자와의 관계로 정의한다면, 지혜란 하나님과의 올바른 관계를 의미한다.

또 사람에게 이르기를 "주를 경외함이 지혜요 악을 떠남이 명철이니라" (28:28) 라는 지혜의 난이도에 대한 명구는 욥기 28장 마지막에 붙어 있어서 잘못하면 떨어져 버릴 것으로 보이는 구절이다. 언뜻 보기에는 본문과 아무 상관없는 이야기와 같아 보이기도 한다. 일반 대화에서 이렇게 앞과 연관이 없는 말(non equitur)이 나오는 상황이 많이 있으며, 특별히 종교 문서에서는 앞의 내용과는 전혀 관계없이 아주 경건한 분위기의 결론을 내는 것이 허다하다. 그러나 현재 우리에게 전해진 시를 우리가 지금 생각하는 논리의 기준으로 칼질을 할 것이 아니라, 다시 한번 연결이 없는 것과 같은 본문과 결론을 연결시켜 보면, 우리는 다음과 같은 말을 할 수 있을지 모른다. 지혜라고 하는 것은 종래 지혜 전승이 이야기하는 대로 연구하고 탐구하는 것으로 발견될 수 있는 것이 아니다. 하나님에 대한 경외가 바로 지혜이다.

이 관점은 이스라엘의 지혜 전승의 두드러진 특징이라고 할 수 있다. 사실 지혜의 가르침은 이스라엘에만 국한된 것이 아니다. 고대 근동 사회는 물론이고, 사람 사는 곳이면 어디에나 있었던 현상이었다. 이스라엘의 경우 바벨론과 애굽에서 이러한 지혜의 가르침을 도입하였을 것으로 보이는데, 이스라엘은 이렇게 수입된 지혜에 하나님의 경외라는 요소를 더하였다. 이것이 바로 이스라엘 판(版) 지혜의 전승이라고 할 수 있다.

이 말씀을 자세히 보면서 여기 나오는 지혜의 정의를 따르자면, 욥기에는 지혜 있고 명철한 사람이 하나 나오는데 그가 바로 욥이다. 즉 온전하고 정직하여 악에서 떠나 하나님을 경외하는 욥이다. 28장의 지혜의 찬가에 나오는 지혜는 전통에 따라서 신념 있게 말을 잘하는 사람을 지혜자로 정하는 것이 아니라 하나님을 경외하여 순전을 지킨 사람을 지혜자로 지명하고 또 지목한다. 욥이 성경말씀이 가르치는 지혜가 있는 사람이었다.

욥기는 여기서 한 걸음 더 나아가 하나님을 경외하는 마음을 다시 점검하고자 한다. 그저 하나님에 대하여 무조건 맹종하는 것은 하나님을 경외하는 일이 아니다. 또 하나님을 경외한다고 해서 아픈 사람을 정죄하는 것은 지혜라고 할 수 없다.

욥기는 아픈 사람에게 위로를 줄 수 없는 인간 지혜의 무용함을 폭로한다. 또한 인간의 상황에 대하여 대화하고 토론하여 모든 문제를 풀 수 있다는 인간의 자만이 얼마나 어리석은 것인가를 보여준다.

이러한 인간의 지혜의 한계는 욥의 친구들의 대화의 결렬로 극적으로 묘사되고, 이렇게 지혜가 막다른 골목에 다다를 때에 욥기의 말씀은 "또 사람에게 말씀하셨도다 보라 주를 경외함이 지혜요 악을 떠남이 명철이니라" (28:28)는 말씀으로 모든 이야기를 원점으로 돌려서 인생에 가장 귀한 지혜가 무엇인가 되찾을 수 있게 해준다. 지혜 있는 사람은 하나님을 경외하여 어떠한 상황에서도 진리를 지키는 사람이다. 또 명철한 사람은 고난당한 사람에게 아픔을 더하는 악에서 떠나 그에게 위로를 베풀어 주는 것이다.

친구들은 욥이 하나님을 경외하는 것을 버리고 악을 따랐다고 생각하였다. 욥기는 자기들이 꼭 맞는다고 생각하는 선생들의 지혜의 한계를 밝혀 주어 참 지혜와 진정한 명철에 대하여 새롭게 반성하여 볼 필요가 있음을 지적하여 준다.

따지다가 지쳐버린 친구들의 대화에 이어서 욥기 28장에 지혜를 찾을 수 없다는 식으로 말하는 결론은 지혜가 없다는 이야기가 아니다. 위에서 보기에는 다 똑같은 흙이요 돌인 곳에서 굴을 파고 들어가서 금, 은, 철, 동, 남보석, 사금을 찾아내는 신기한 힘이 인간의 지혜에 있다. "그러나 지혜는 어디서 얻으며 명철이 있는 곳은 어디인고" (28:12). 사람이 그들의 명철을 총명하게 써서 참 지혜를 찾을 수 있다.

2. 생활 속의 이야기

어느 신학교 교수가 수업 시간에 큰 병을 하나 들고 들어와서 그 속에 조약돌을 담기 시작하였다. 조약돌이 병 위에까지 찼을 때 학생들에게 "이 병은 이제 가득 찼습니까?" 라고 질문하였다. 학생들이 "예" 하고 대답을 하니까, 교수는 작은 돌조각들이 담긴 상자를 꺼내서 그 병에 부어 넣었다. 그리고 병을 흔드니까, 조그만 돌조각들은 조약돌 사이사이를 지나 빈 공간을 채웠다. "자 이제 이 병이 가득 찼나요?" 학생들이 다시 "예, 이제 가득 찼습니다" 라고 대답을 하자, 교수는 또 이번에는 모래가 담긴 상자를 꺼내서 그 병에 부어 넣었다. 모래는 조약돌과 돌조각 사이사이를 지나 나머지 빈틈을 채웠다. "이제 병이 찼나요?" 또 학생들이 "이제는 다 찼습니다" 라고 답을 하자, 교수는 보온병을 꺼내서 커피를 그 병에다 부어 넣었다. 학생들이 다 환성의 웃음으로 교수의 지혜에 찬사를 보냈다. 학생들이 다 조용해졌을 때 교수는 학생들에게 이렇게 말하였다.

"이 병은 여러분들의 인생과 같은 것입니다. 조약돌은 여러분들의 삶에 가장 중요한 부분들을 상징합니다. 하나님, 가족, 자녀, 건강, 친구, 천직 등입니다. 이렇게 가장 중요한 것들로 먼저 인생을 채우면 그 다음으로 중요한 것들도 거기에 더하여 누릴 수 있습니다. 돌조각과 같은 것들은 직업, 집, 자동차 등입니다. 사실 이런 작은 것들은 없어도 충만한 삶을 살 수 있습니다. 모래는 인생에서 그다지 중요하지 않은 것을 상징합니다. 그런데 만일 이 병에 모래부터 넣으면 조약돌이나 돌조각들을 넣을 수 없습니다. 여러분의 삶도 마찬가지입니다. 조그만 일에 인생의 시간과 정력을 다 쓰고 나면, 중요한 일을 완성할 수 없습니다. 그저 바쁘기만 할 뿐입니다. 무엇이 가장 중요한 것인지를 분별하여 지혜롭게 사십시오. 하나님께 경배하세요. 가족과 즐거운 시간을 가지세요. 나머지 작은 일들을 할 시간은 언제나 있습니다. 가장 중요한 일들을, 조약돌들을 먼저 돌아보세요."

이렇게 교수님의 말씀에 엄숙하여진 교실에는 언제나 손을 들고 무슨 질문인가 해야 하는 학생이 있는데, 이번에도 학생 하나가 뒤에서 손을 들고 "교수님, 그러면, 커피는 무엇입니까?" 교수님은 온화한 미소를 머금으면서, "좋은 질문입니다. 이 커피의 의미는 인생이 아무리 터지도록 꽉 차도 언제든지 사랑하는 사람과 커피 먹을 시간은 있다는 뜻입니다."

당장 맘에 걸리는 일에 온 정신을 다 쏟다가 보면 표현 그대로 내 코가 석자라 정말 중요한 일을 놓칠 수 있는데, 욥의 친구들이 바로 그러한 경우라고 할 수 있다. 그들은 고난당한 친구 편에 설 수 있는 기회를 외면하고 말았다. 친구들이 하는 말을 따로 떼어서 들여다보면 그 말도 다 맞는 말들이다. 그러나 삶에는 다 맞는 말이라고 하더라도 어느 때에는 적절하지 않을 때가 있다.

욥의 친구들은 오히려 그들에게 중요하다고 생각하는 전통적 지혜 체계에 집착하였는데, 사실 따지고 보면 그들의 심혈을 기울인 신학적 주제들은 아픈 사람을 위로해 줄 수 있는 기회에 비하면 가장 중요한 덕목은 아니었다. 우선 아픈 사람을 위로하고 나중에 언제든지 따져 볼 수도 있는 문제였다.

3. 묵상을 위한 질문

(1) 진정으로 다른 사람의 말을 들어 주는 대화란 무엇인가? 다른 사람의 말을 충분히 듣기 위하여 어떤 자세가 필요한가?

(2) 우리는 욥기22—27장에서 친구들의 대화가 끊어지는 것을 보았다. 대화가 끊어질 때에 사람들이 일반적으로 보이는 반응은 무엇인가? 그 반응들 중에서 믿음으로서 마땅히 취하여할 대안은 무엇이며, 그렇지 못한 대안은 무엇인가?

(3) 친구들이나 혹은 가족들과의 대화가 끊어질 때, 또 우리가 그 대화를 다시 잇기를 원할 때, 그 대화의 실마리를 다시 풀 수 있는 방법은 무엇인가?

(4) 지혜를 찾는 것이 그렇게 어렵다면, 우리는 지혜를 포기하여야 하는가? 계속하여 지혜를 찾아 가기 위해서는 우리에게 어떠한 신념이 필요한가?

(5) 지혜를 찾기 위하여 인간이 구성한 체계는 어떤 것이 있으며, 이러한 도구들은 우리가 지혜를 찾아 가는 데 있어서 어떤 도움을 주며, 또 어떤 면에서 방해가 있는가?

(6) 주를 경외함이 곧 지혜(28:28)라 하셨는데, 주를 경외함이란 무엇을 의미하며, 주를 경외함이 어떠한 면에서 지혜를 가져다주는가?

4. 결단에의 초청

지혜는 쉽게 찾을 수 없습니다. 지혜를 찾는 데는 인내가 필요합니다. 작업이 필요하고, 과정이 필요하고, 시간과 훈련이 필요합니다. 고금을 막론해서 인간은 지혜를 얻기 위하여 대화하고 논쟁을 하지만, 대화를 통하여 얻을 수 있는 지혜에는 한계가 있습니다.

어떤 면에서 욥기에서 이야기하는 지혜는 종래의 지혜를 포기할 때 얻을 수 있는 지혜를 이야기하고 있습니다. 때로는 우리가 우리의 인생에서 가장 소중히 여기는 것들을 포기할 수 있어야 합니다.

지혜와 명철을 추구하는 과정에서 가장 위험한 것은 어떤 것을 마친 후 완성하였다고 생각할 때입니다. 욥기 28장 28절의 "주를 경외함이 지혜요 악을 떠남이 명철이라"는 말에 담긴 뜻은 평생 작업에 관한 말씀입니다. 이 지혜와 명철의 길은 개정과 개혁의 길입니다.

삶의 정황에 따라서, 특별히 고난이라는 상황에 비추어 지혜를 계속 추구할 필요가 있습니다. 이러한 과정은 때때로 우리가 종전에 확실하게 생각하고 있었던 것을 괄호 안에 넣고 우리 주위에 있는 사람들의 아픔을 돌볼 것을 요청합니다. 과거에 배운 것을 고집하는 것은 피곤한 말싸움을 연장시키며, 결과는 대화의 결렬을 일으킬 뿐입니다.

대화가 결렬될 때, 그 대화에 참여한 모든 이들이 욥기 28장의 말씀으로 마음을 다시 가다듬어 봅시다. 우리 삶에서 악을 떨쳐버리고 하나님을 경외할 때 우리는 지혜를 얻게 될 것입니다. 지혜의 근본이신 주를 경외합시다.

제5과
고독한 고난자의 고백
욥기 29-31장

1. 성경 이해

온전한 과거와 망가진 현재 (29—30장)

욥은 온전했던 과거를 회상해 본다. 그때 그 삶의 정황에서는 하나님의 손길이 그와 함께 하셨다. 그는 인생의 풍유함을 누렸고, 동네에서 존경을 받았었고, 흠모를 한 몸에 받았었다.

욥은 사람들을 구제했고, 자비를 베풀었고, 자선을 행하였다. 없는 이에게 자원이 되었으며, 모르는 이에게 지식이 되어주었다. 공의에 관한 한, 맹렬한 정의의 변사였고 해결사였다. 그때 욥은 날마다 삶이 더욱더 의미 있었고, 활력을 더하여 가는 것을 체험하였다. 그의 삶의 모습은 왕의 모습을 방불하였다. 그에게 사람들이 상소하였고, 중요한 일의 결정에 대하여 그에게 자문을 구하였다.

그러나 이제 고난을 당하여 모든 것을 잃고 상한 몸으로 잿더미 위에 앉으니, 세상의 온갖 무리들은 그를 무시하고 비난한다. 강한 사람에게는 약하고, 약한 사람에게는 강하게 나오는 비굴한 자들이 욥이 약해진 틈을 타서 그를 곤경에 빠뜨리려고 도모한다.

욥은 이 모든 것에 대하여 아픔과 절망을 느낀다. 게다가 몸이 아파 잠을 이룰 수가 없다. 그러나 욥이 결론적으로 이렇게 모든 상황이 변하여 가는 것에 대하여 고통스러워하는 것은 "하나님이 나를 진흙 가운데 던지셨고 나로 티끌과 재 같게 하셨구나" (30:19) 라고 생각이 드는 것이다. 그래서 욥이 가장 고통스러워하는 것은 하나님도 그를 무시하는 것 같다는 점이다. "내가 주께 부르짖으나 주께서 대답하지 아니하시오며 내가 섰사오나 주께서 나를 돌아보지 아니하시나이다" (30:20).

욥이 보기에는 이 모든 것이 하나님께 책임이 있다. 하나님이 그를 바람에 날아가서 쓰러지게 하셨다. 여기서 욥이 하나님을 탓하는 것은 상투적인 것이 아니다. 욥의 경우 많은 고통을 받았으나, 욥에게 가장 중요한 문제는 하나님이 아무것도 하시지 않고 계시다는 것이다.

순결의 고백 (29—31장)

이러한 상황 중에 욥은 하나님 앞에 그가 순결하다고 맹세한다 (31장). 찬란에서 참람으로 옮겨간 생에 대하여 욥은 그의 참됨을 맹세한다. 31장에서 맹세의 표현이 처참한 모습으로 나오는데, 이것은 사실 성경 시대에 맹세를 하는 모습과 아주 다른 모습을 보여준다.

히브리어 구문에서 만일 무엇 무엇했다면 하면서 맹세하는 문장은 가정문으로 미완성의 문장으로 끝이 난다. 이러한 미완성 문장의 맹세의 관습의 배경은 아무리 사람이 한 일, 그리고 하지 않은 일에 대하여 맹세를 할 만큼 확실하여도 언젠가 어디선가 어떤 면에서 자기도 모르는 사이에 그 맹세와 상치되는 상황이 있었을지 모른다는 것이다. 만에 하나 그런 일이 있었다면, 맹세를 하는 사람은 자기를 정죄하고 때로는 저주하게 되는 셈인데, 이러한 경우를 방지하기 위하여 히브리어에서 맹세를 미완성의 문장으로 끝을 내는 것이다.

이와는 아주 대조적으로, 31장에서 욥은 그의 맹세문을 거듭하여 완성된 문장으로 만들고 있다. 예를 들면, "만일 나를 도와 주는 자가 성문에 있음을 보고 내가 주먹을 들어 고아를 향해 휘둘렀다면" (31:21) 라고 한 경우, 히브리어 맹세 구문으로는 여기서 끝이 난다. 문장을 완성시키는 주절은 나오지 않는다는 말이다. 그러나 욥은 이어서 그리하였으면 "내 팔이 어깨 뼈에서 떨어지고 내 팔 뼈가 그 자리에서 부스러지기를 바라노라" (31:22) 라고 말하는데, 이러한 주절의 부분은 일반적으로 맹세문에 나오지 않는다.

욥이 이렇게 깜짝 놀라게 할 만큼 구문법을 벗어나서 그의 맹세문을 작성한 이유는 그 만큼 그가 맹세하는 내용에 대하여 확신이 있다는 뜻이다. 욥은 그의 순결에 대하여 맹세를 하고 있는 것이다. 동시에 욥은 일반인의 삶 속에서 우아하게 말하려는 모습을 다 포기한 상태이다. 이제는 그 무엇도 욥에게 더 상처를 입힐 수 없다.

이러한 과격한 순결의 고백 부분에서 욥기는 처음의 이야기체로 시작한 욥의 순결을 재확인한다. 이 부분은 욥과 친구들과의 과격한 이야기를 통하여, 혹 친구들의 말에 솔깃하여 혹 욥에게 무슨 죄가 있지 않았는가 생각하는 사람들의 의심을 떨쳐버리는 힘이 있다. 욥은 온전한 사람으로 철저하게 고난을 당하였다.

이렇게 어디 하소연할 수 없는 상황에서 욥이 하는 고백은 온전함이란 정말 하나님만이 온전히 알아보실 수 있는 상황이라는 것을 비극적으로 표현한다. 욥이 이렇게 맹세를 해도 친구들이 돌아서서 바로 그의 순전과 정직을 인정했다는 말이 없다. 그가 온전하고 정직한 것에 대하여 인정하는 말을 처음 하시는 이는 하나님이시다. 처절한 온전함의 고백으로 욥의 말이 끝난다 (31:40).

2. 생활 속의 이야기

천주교에는 고해성사라는 것이 있다. 한 번은 신유의 사역으로 유명한 맥낫 신부님에게 개신교 목사님이 어찌하여 그리 캄캄한 데 들어가서 하나님 흉내를 내냐고 농을 한 적이 있다. 그때 맥낫 신부님은 목사님에게 그것은 당신이 그 속에 들어가 본 적이 없어서 그런다고 대답하였다. 그런 다음에 신부는 이렇게 말하였다. "고해성사에서 신부는 인간의 가장 처절한 말을 듣고 그 말을 하나님께만 아뢰면서 인간의 아픔을 품어야 한다"는 말이었다.

전통적으로 고해성사는 칸막이를 사이에 두고 조그마한 공간에서 신부와 신도 사이에 오가는 긴밀한 대화이다. 그러나 제2차 바티칸 공의회 이후에는 고해성사가 칸막이가 거의 없는 장소에서 진행되기도 하는데, 여전히 거기서 벌어진 일들은 신부가 무덤까지 가지고 가는 인생의 비밀이다. 곧, 하나님만 알고 계실 일이다. 고해성사에서 인간의 처절함이 하나님 앞에만 온전히 알려진 것과 마찬가지로 세상에서 진실은 하나님 앞에만 있다.

세상에서 진실로 억울한 말을 이해할 수 있는 사람은 많지 않다. 답답하여 이해시키려고 이야기를 해도 말이 통하지 않을 때가 많다. 오히려 말을 하다 보면, 억울한 사정은 이차적인 문제가 되고, 부차적인 문제가 일차적인 문제로 부각될 때도 있다.

3. 묵상을 위한 질문

(1) 욥에게는 자랑할 만한 과거가 있었다. 욥의 과거는 욥이 현재의 아픔을 감당하는데 긍정적인 역할을 하였다고 볼 수 있다. 그러한 긍정적인 역할은 무엇이었을까? 본문이 가르치는 선한 행위의 중요성은 무엇인가?

(2) 참담한 현재 상황이 찬란했던 과거와 너무 대조가 될 때, 믿는 이는 무엇을 어떻게 해야 하는가? 욥의 친구들은 욥이 지은 죄를 알려주었는데, 이러한 욥의 친구들의 성급한 모습은 우리에게 어떤 경종을 주는가?

(3) 한 사람이 자신의 온전함을 주장할 때, 우리는 그의 온전함을 어떻게 받아들여야 하며 또 그 온전하다는 사실을 어떻게 존중해 주어야 하는가?

(4) 마음속에 있는 깊은 것을 전달하는 데는 말이 중요한 역할을 한다. 그러나 말 이외에 어떠한 방법으로 사람들은 그들의 온전함을 전달할 수 있을까?

(5) 욥에게는 하나님이 그의 온전함을 인정하여 주는 것이 중요하였다. 왜 욥은 그러한 것이 중요하였다고 생각하는가?

4. 결단에의 초청

다른 사람에게 견책을 받지 않을 수 있다면 큰 평온을 찾을 수 있다고 말할 수 있습니다. 그러나 삶의 정황에서 순결이 늘 투명한 것만은 아닙니다. 현상을 가지고 결론을 내리게 되는 인간의 상황에서, 현상의 내용이 억울한 비난을 청할 때 괴로운 상황이 벌어집니다. 다른 사람들이 온전함을 믿어주지 않을 뿐 아니라, 무슨 숨은 큰 죄가 있다고 비난하고, 또 그 비난이 갈수록 더욱 격렬해질 때 우리의 삶이 비통해 질 수 있습니다.

이러한 상황에서 우리는 하나님이 인정해 주시는 순결을 찾아가야 합니다. 하나님이 인정하시는 그러한 순결을 추구합시다.

제6과
집요한 전통의 잡음
욥기 32-37장

1. 성경 이해

 욥기 31장에서 욥이 온전함을 맹약하고 그의 말을 그칠 때에 우리는 하나님이 혹시 무슨 말씀을 이제 하실 것인가 숨을 죽이게 된다. 그러한 순간에 부스 사람 엘리후라는 새 친구가 나타난다. 그는 영감을 받았다고 말하면서 세 친구들과 욥을 함께 묶어 비난하기 시작한다.
 이만하면 이미 전통적 지혜가 얼마나 무감각할 수 있다는 것이 거의 입증된 상황에서 엘리후는 그 전통적 지혜의 재활을 꾀한다. 그러나 엘리후의 열정은 그 누구보다 뛰어날지 모르지만, 그의 말은 욥과의 대화 진전에는 아무런 보탬을 주지 못한다.
 엘리후가 말하는 것 중에 가장 중심 되는 주제는 고난이 하나님의 훈련으로 왔다는 말이다. 물론 우리는 고난을 통하여 삶의 단련을 받는다는 것을 알고 있다. 고난이 가져다주는 삶의 풍요와 지혜란 고난이 인류에게 선사하여 주는 귀한 선물이다.
 그러나 욥기를 처음부터 끝까지 읽어 보면 이러한 전통적인 이해가 얼마나 지엽적인 것인가를 깨닫게 된다. 고난이 아무리 유익하다 하여도, 그런 유익을 위하여 하나님이 인생에 그런 고통을 주신다는 말은 잘 수긍이 가는 말이 아니다. 엘리후는 욥이 마땅히 받아야할 취급을 받았다고 말하며, 이를테면 완전히 무시를 당하였다고 평하였다.

왜 엘리후가 이렇게 갑자기 튀어 나와서 절정을 지연시키고 있는 것인지, 또 그 시끄러운 말을 그토록 오래하고 있으며 왜 독자는 이런 잡음에 다섯 장에 걸친 기나긴 네 마디의 연설을 들어야 하는지는 욥기의 수수께끼 중 하나이다. 엘리후의 이야기가 욥기에서 가지는 위치에 대하여 많은 이야기들을 하지만, 아직까지 시원한 대답이 없다. 아마 아무런 의미가 없다는 것이 엘리후의 열정에 대한 가장 중요한 평가인지도 모른다.

2. 생활 속의 이야기

한 시골 교회 교회회의에서 반지하로 되어 있는 친교실에 비만 오면 습기가 차는 문제가 거론이 되었다. 친교실에 물이 들어오지는 않지만, 비가 오고 축축한 날은 벽에 습기가 차고 양탄자에 물기가 고이곤 하였다. 물론 해가 나고 날이 지나면 물기는 마르지만, 축축한 데는 곰팡이가 껴서 냄새가 나고 교인들의 건강에도 주의 사항이 되었다. 더욱이 대부분의 교회의 경우와 같이 주일학교 학생들이 많은 시간을 보내는 친교실의 습기 문제는 모든 이의 걱정거리가 되었다.

그래서 반지하실 밖에 흙을 파서 방수막을 바르고 배수 시설을 하여 넣기로 하였다. 이 대화 가운데 모두가 한 가지 배운 것은 방수막만으로는 문제가 해결이 되지 않는다는 것이다. 방수막을 하여 물이 들어오지 못하게 한 후에, 그 물이 빠져나갈 길을 마련하여 주어야 한다.

방수막으로만 물을 아주 막아 버리면, 그 물이 갈 데가 없이 어딘가 물이 고이게 되고, 결국 지하실 바닥으로 다시 올라올 수도 있다. 또 더 심각한 경우, 고인 물은 물방울이라도 힘이 합하여지면 벽을 밀어 건물이 기울게 될 수도 있다.

인생의 지혜는 무조건 철두철미한 방비책으로 상대방을 오도 가도 못하게 하는 것이 아니라, 상대방의 입장에 맞게 <u>응대</u>를 해주어야 한다.

친구들의 논조는 철두철미한 논리로 철통 같이 방어를 하는 것이었다. 그래서 친구들은 전통적인 방수막을 쳤다. 그 논조는 욥의 문제에 아무런 해결을 주지 못하였을 뿐 아니라, 오히려 그로 말미암아 욥은 친구의 우정을 다 잃는 어려운 처지에 이르게 되었다. 이렇게 전통적 지혜의 무용함이 드러났을 때에 엘리후가 나와서 또 한 번 전통적 지혜를 고집하고 나온다.

이러한 고집은 고난의 문제를 해결하지 못할 뿐 아니라, 고난의 문제를 결국 쌓이고 쌓이게 만든다. 이렇게 엘리후는 38장에 나오게 될 여호와의 말씀을 더욱 간절하게 해준다.

3. 묵상을 위한 질문

(1) 엘리후의 말을 중요시하는 사람들이 거의 없다. 왜 엘리후의 말은 그토록 아무 효력이 없는가?

(2) 하나님의 영감이 중요하다는 것이 모두 다 알고 있는 사실이다. 그런데, 신앙 공동체에서 의견이 갈라질 때 양편이 같이 하나님의 영감에 호소하기 시작하면 해결책이 없어진다. 욥기32—37장의 엘리후는 이렇게 논쟁에서 영감을 사용하는 데에 대하여 어떠한 주의를 주는가?

(3) 엘리후가 이해한 하나님의 세계는 질서가 확실한 세계이다. 엘리후의 질서는 어떠한 면에서 현실에 대한 이해가 부족하다는 것을 보여주는가?

(4) 엘리후가 묘사하는 하나님은 전능하시고 오묘하셔서 인간이 가까이에 갈 수 없다. 그러나 하나님이 완전히 다른 세계이어서 전능자를 우리가 측량할 수 없다고 하면 (37:23), 하나님이 사람을 대하실 때 사람이 하나님에게 답하여 대면할 수 있는 가능성에는 무엇이 남아 있는가?

(5) 네 번에 걸쳐서 엘리후가 속사포를 쏘듯 하는 대답은 아무에게도 대답할 기회를 주지 않는 독백으로 나온다. 이러한 대화법에는 어떠한 문제가 있는가?

(6) 엘리후는 열기가 대단하였던 청년으로 생각하는 사람들이 많이 있다. 지금까지 말을 못하고 있었던 것을 보면, 그리고 나이가 있다고 지혜가 있는 것은 아니더라고 말을 하는 것을 보면, 엘리후는 다른 세 친구보다 나이가 더 어렸던 것으로 보인다. 그러나 그는 열정적인 면에서 누구에게도 뒤지지 않았다.

이러한 엘리후의 모습은 진리와 열정에 대하여 무슨 말을 할 수 있게 하여 주는가?

4. 결단에의 초청

간혹 우리는 현장에 늦게 도착해서 목소리를 높여 가며 우리의 주장만 하게 될 때가 있습니다. 이러한 상황에서 우리는 고난당하는 사람에게 민감하게 대하지 못하고 있지는 않은가 반성해 볼 필요가 있습니다.

경직된 엘리후의 확신은 고난에 대한 대화 가운데 아무런 도움을 주지 못하는 것을 볼 수 있습니다. 오히려 확신에 열기를 더하면 자기도취적인 확신이 될 수 있습니다. 아무런 대화의 가능성을 남겨놓지 않은 엘리후의 논조는 아무에게도 도움을 주지 못한다는 사실은 우리의 언어 구사에 대하여 의미 깊은 경종을 줍니다.

사실 고통 받는 사람을 앞에 놓고는 확신과 열정이 가장 필요한 것이 아닙니다. 오히려 고통 받는 사람의 말을 들어주고, 그 사람에게 위로를 주는 아량이 필요합니다. 우리에게는 열심과 연민의 균형을 찾을 수 있는 용기가 있어야 합니다. 아픈 사람을 위로해 줄 수 있는 사람이 되려고 노력합시다.

제7과
하나님의 말씀과 욥의 회복
욥기 38-42장

1. 성경 이해

폭풍 가운데 말씀하는 하나님 (38:1—42:6)

욥기 38장에 오면 욥과 친구들 간에 논쟁하는 것을 잠잠히 듣고만 계시던 하나님께서 폭풍 가운데 말씀하신다. 욥에게 두 번에 걸쳐 시험이 있었고, 하나님도 두 번에 걸쳐 말씀하신다. 욥기가 다룬 주제가 작게는 선한 욥이 겪은 아픔, 또 더 크게는 온 세상에 균형이 깨어져 버렸다는 생각에서 오는 아픔에 관한 것임을 감안할 때, 욥의 이러한 모습은 욥기 자체에 균형감을 준다. 욥기의 마지막 부분에 다다르면서, 욥기를 읽는 이들은 "드디어" 라는 감격을 느끼게 되는데, 이러한 면에서 하나님의 말씀의 등장은 하나님이 한 마디도 하시기 전에 욥기의 분위기를 전환시키는 힘이 있다.

첫 번째 하나님의 말씀 (38:1—40:2)

폭풍 가운데서 말씀하시는 하나님의 대답을 읽으면서 우리는 새로운 도전을 받게 된다. 욥은 고난에 대하여 하나님께 질문을 하였는데 하나님은 창조의 질서의 정연함에 대하여 말씀을 하시기 때문이다. 얼핏 생각하면 고난을 당하고 있는 욥과 전혀 관계가 없는 말씀을 하나님께서 하시는 것 같으나, 욥이 앞에서 온전하고 정직한 그가 고난을 당한다고 하여 하나님의 창조 질서가 무너졌다고 주장했던 것을 생각한다면 의미 있는 말씀이다. 하나님은 욥이 생각했던 것처럼 하나님의 창조 질서가 잘못된 것이 아니라는 사실을 지적하신다.

욥은 세상의 큰 뭉치가 하나님의 선한 통치에서 제외되었다고 생각하였으나, 하나님은 땅과 바다와 하늘과 저승을 질서로 다스리신다고 말씀하신다 (38:4-18). 하나님은 창조의 한 부분도 그의 통치에서 벗어나지 않았다고 말씀하신다.

욥은 자신의 입장에서 모든 것을 측정하였기 때문에 그런 결론을 내리게 된 것이다. 하나님은 예를 들어, 사람이 살지 않는 광야에 비를 풍부히 내리신다. 이것을 인간의 입장에서 보면 하나님께서 아까운 비를 낭비하신다고 말할 수 있겠으나, 의인과 악인 위에 내리는 비는 하나님의 한없는 자비의 증거이다.

이렇게 은혜롭게 내리는 비의 낭비는 가나안 땅의 지형상 아주 혁명적인 비유였다. 이스라엘 땅은 나일 강이 있었던 이집트나, 유프라테스 강과 티그리스 강이 있었던 메소포타미아 (글자 그대로 두 강 사이에 있는 땅) 땅과는 달리 물을 하늘로부터 마시는 땅이라고 하였다 (신명기 11:11). 다시 말해서, 강우량에 의존하여 농사를 지어야 하는 땅이라는 뜻이다. 이렇게 비가 귀한 땅에서 하나님은 사람도 없고 뿌려봐야 금방 증발되어 날아가는 돌사막에도 비를 주신다. 하나님은 비를 낭비하시는 것이 아니다. 인간이 생각하는 천연 자원의 활용도를 초월하여, 하나님은 천지에 비를 주시며 우주를 돌보시는 분이시다.

그리고 하나님은 동물들을 창조하시고 섭리하신다. 이 동물들은 나름대로 자유를 만끽하고 있다. 하나님께서 그가 창조하신 동물들을 돌보시는 모습을 통하여 하나님의 창조계는 인간 사회를 중심으로 돌아가지 아니함을 말씀하신다. 인간은 천지의 한 부분에 불과할 뿐이다.

욥의 고난이 아무리 고통스러워도 그것은 창조계의 질서가 무너진 것을 의미하지 않는다.

첫 번째 하나님의 말씀에 대한 욥의 응답 (40:3-5)

욥은 미천한 자신의 모습을 인식하고 이제는 자신을 제어하면서 더 말하지 않겠다고 하나님께 대답한다. 하나님의 말씀 속에서 욥은 그의 문제에 대한 응답을 듣는다.

두 번째 하나님의 말씀 (40:6—41:34)

하나님의 두 번째 대답에서는 "베헤못"(하마)과 "리워야단"(악어)이라는 전설적인 두 존재가 나온다. 성경에서 베헤못과 리워야단은 혼돈의 세력을 상징한다. 하나님은 베헤못과 리워야단을 창조하신 분이시다. 곧, 혼돈도 하나님의 창조의 일부분이라는 뜻이다.

이러한 가르침은 창조와 혼돈이 상반된다고 믿어온 종래 사고방식에 일침을 가한다. 하나님의 말씀은 그의 창조에 대하여 보다 더 폭넓은 시각을 제공하여 준다.

욥은 앞에서 그의 고난을 토대로 혼돈의 세력이 하나님의 세계를 장악한 것으로 주장하였다. 그러나 하나님은 혼돈의 세력도 또한 하나님의 창조물이라는 것을 확인한다.

현대 과학자들 중에는 혼돈을 질서가 없는 세계로 보지 않고, 우리가 알지 못하는 질서가 지배하는 세계로 혼돈을 본다. 이러한 견해를 원용하면, 창조계에 있는 혼돈이란 하나님의 창조에 대한 도전적인 세력이 아니라, 오히려 하나님이 인간이 알지 못하는 다른 모습으로 창조하신 것이다. 하나님의 세상에는 인간이 재래적인 개념 체계로 이해할 수 없는 부분이 있다.

하나님은 욥이 베헤못이나 리워야단을 제어할 능력이 없다는 것을 지적하신다. 사람은 혼돈을 억제하면 모든 것이 평온하고 문제가 없다고 생각하지만, 인간에게는 세상에 혼돈을 통제할 힘이 없다. 하나님께서 어떤 혼돈의 세력을 인정한다고 해서, 세상이 완전히 혼돈의 세계로 넘어갔다고 생각하는 것은 인간의 생각이라는 것을 지적하신다. 세상은 사람이 이해한 질서에 따라 움직이지 아니하고, 하나님이 지으신 질서에 따라 움직여 간다.

두 번째 하나님의 말씀에 대한 욥의 응답 (42:1-6)

두 번째 하나님의 말씀에 대하여 욥은 그가 다 이해하지 못한 상황에서 말을 했다는 사실을 인정한다. 인간의 지혜의 말에 한계가 있다는 것을 인정하는 것은 피조물의 가장 아름다운 모습이다.

욥은 전에는 이차적 경험들을 통하여 주님을 알았지만, 이제는 일차적인 경험으로 하나님을 체험하였다.

욥의 말년 (욥기 42:7-17)

욥기 42:7-17은 하나님의 종 욥의 말년을 가장 복된 것으로 묘사하고 있다. 그 복된 것의 첫 번째가 하나님이 욥의 의를 인정하신 것이다. 하나님은 욥의 친구들에게 진노하여 말씀하신다. "너희가 나를 가리켜 말한 것이 내 종 욥의 말 같이 옳지 못함이니라" (42:8 하반절). 이 말씀에 담긴 뜻은 욥이 한 말이 정당하다는 것을 시사한다. 사실 욥이 한 말은 전통적 신앙을 고수하는 사람들에게 심히 마음에 걸리는 말도 있었으나 욥은 그의 온전함의 의미를 주의에 압력에 따라서 의미 없는 것으로 버리지 아니하고 끝까지 그의 온전함을 지켰다.

이제 욥이 회복될 때, 그것은 과거의 상태로 복구되는 것을 의미하지는 않는다. 우선 42:7-8에서 욥은 하나님의 종으로 확인된다. 구약성경에서 하나님의 종은 하나님과 특별한 관계를 지칭한다. 욥기의 마지막에서도 욥의 회복의 일환으로 욥은 그의 친구들을 위하여 하나님께 중보하는 위치에 이르게 된다.

욥이 그의 친구들을 위하여 중보하여 기도하였을 때, 하나님은 그를 고난에서 건져주시고, 그의 소유를 배로 돌려주셨다. 이 마지막 부분에 나오는 회복의 부분에서는 말하는 이가 욥의 말년을 아름답게 묘사하려고 애처롭게 안간힘을 쓰고 있는 것으로 보인다. 그 예로 소유는 배로 되돌아 받았는데, 자식들의 수는 이전과 같이 아들 일곱에 딸 셋이다. 여기에는 물질을 배로 받는 회복이 가능하지만, 잃은 자식은 배로 얻는다고 회복되는 것이 아니라는 뜻이 숨겨져 있다.

욥의 아리따운 딸들은 여미마, 굿시아, 게렌합북으로 성경에 그 이름이 기록되어 있다. 가부장적 사회에서 아들들과 같이 이들도 유산을 받게 된다. 이것은 새로운 사회상의 모습을 시사하기도 한다.

이렇게 애틋하게 묘사되어 있는 욥의 아름다운 말년에 대하여 1986년도 노벨 평화상 수상자였던 엘리 비젤은 욥이 그토록 고난을 받고 나서는 다시는 행복한 사람이 될 수 없었을 것이라고 토로한다. 그러나 이 말은 행복에 대한 능력을 상실했다는 임상학적인 관찰이라기보다, 그 고난의 아픔이 막중하였다는 것을 묘사하는 것이다.

욥의 기사는 욥의 내면적인 행복에 대하여 구체적으로 기술하지 않는다. 그러나 지난날의 아픔을 잊을 수 없다고 해서 삶의 환희를 잃는 것은 아니다. 욥기의 마지막 부분을 읽은 사람은 누구나 욥의 행복한 모년(暮年, old age)을 살펴 볼 수 있다. "그 후에 욥이 백사십 년을 살며 아들과 손자 사 대를 보았고 욥이 늙어 나이가 차서 죽었더라" (42:16-17). 이렇게 욥은 그의 말년을 복되게 누리며, 연수만 오랜 것이 아니라, 그의 삶에 충만함이 있었다.

2. 생활 속의 이야기

이스라엘 사람들과 팔레스타인 사람들 간에 충돌이 있었던 어느 날 팔레스타인 한 소년이 이스라엘 군인이 쏜 총에 맞아 중상을 입었다. 이렇게 총상을 입었던 이 소년은 장성하여 대학 공부를 하기 위하여 미국으로 유학 가기를 원하였다. 미국의 한 대학교가 그에게 입학을 허가해

주어서 그는 미국에 오게 되었다. 그 대학의 학장이 그 학생을 공항까지 마중 나와 주었으며, 그 학생이 미국에서 잘 공부하며 생활할 수 있게 배려를 해주었다. 학교에 와서 공부하다 학생은 재정적인 어려움을 겪게 되자, 학장은 그에게 재정적인 도움을 주었다.

그 학생이 공부를 마치고 졸업 때가 이르렀을 때, 학장은 다시 그를 불러서 그에게 무엇을 하고 싶으냐고 물었다. 그 학생은 미국에 남아서 일을 하고 싶다고 대답하였다. 학장의 주선으로 며칠 후 그 학생은 일자리를 얻게 되었다. 학생은 끝까지 그를 보살펴준 학장에게 감사하다는 인사를 하기 위하여 찾아갔다. 그때 그 학생은 학장에게 어떻게 처음부터 끝까지 그토록 친절한 배려를 베풀어 줄 수 있는지 감격의 질문을 하였다. 그 질문을 들은 학장은 이렇게 대답하였다. "내가 바로 당신에게 총을 쏜 이스라엘 군인이었습니다."

그 이스라엘 군인도 미국에 와서 공부를 한 후, 지금 시무하고 있는 대학교에서 학장으로 일을 하고 있을 때, 그 팔레스타인 소년이 미국에 보낸 서류를 통하여 미국에 공부하러 오려고 하는 것을 알게 되었다. 그는 그 학생을 처음부터 끝까지 정성껏 보살펴 주었던 것이다.

인생에는 때때로 서로에게 피해를 입히는 경우가 있다. 의도한 것이 아니었는데도 정말 뜻하지 않게 다른 사람에게 큰 상처를 입히는 경우도 있다. 이 모든 상황에 그 상처를 입은 사람에게 도움을 베풀고 인생의 회복을 경험할 수 있다는 것은 흔하지 않은 축복이다. 또 아픔 당한 이가 아픔의 쓰디씀에서 벗어나서 서로의 관계 회복을 꾀한다는 것은 더욱더 드문 귀한 축복이다. 이러한 축복의 순간

들은 부서진 관계를 회복시키고 화평의 정황을 이루어 가는 힘이 있다.
　하나님에게도 욥의 사정을 회복시킬 수 있는 아름다운 시간이 있었으며, 욥도 그의 친구들을 위하여 중보기도 할 수 있는 귀한 시간이 있었으며, 욥의 친지들이 다 함께 모여 인간의 정을 나눌 수 있는 복된 시간이 욥기에 담겨 있다.

3. 묵상을 위한 질문

　(1) 하나님께서 천지와 자연계를 질서 있게 배려하시고 다스린다는 사실을 왜 욥에게 가르쳐 주셨을까?
　(2) 천지를 보살피시는 하나님의 섭리는 인간의 유익과 늘 직결되어 있지만 않다. 이렇게 생각한다면 우주 안에서의 인간의 위치란 무엇인가?
　(3) 욥기가 가르쳐 주는 인간의 고난에서 회복이란 무엇이라고 생각하는가?
　(4) 욥의 말년의 묘사에서 우리가 귀하게 여길 수 있는 회복의 중요한 조목이 무엇이라고 할 수 있는가?

4. 결단에의 초청

　하나님은 우리 각자가 사는 동안 맡아서 담당할 위치를 허락해 주셨습니다. 그러나 인생의 무한한 변화 가운데에서 자기의 위치를 지킨다고 하는 것은 결코 쉬운 일이 아닙니다. 특히 고난 가운데 말입니다.

욥은 자신의 위치에서 떠나 전통 신학 체계와 타협해 버리는 것이 더 쉬울 수도 있었습니다. 그러나 욥은 그렇게 하는 것이 오히려 고난이라는 현실을 헐값에 버리고, 하나님을 저버리는 배반이라고 생각을 했습니다. 욥은 그가 당하고 있는 역경 속에서도 그의 삶의 위치를 잘 지킬 수 있는 끈기와 용기를 보여주었습니다.

하나님은 우리 각자에게도 우리가 온전하고 정직하게 지켜야 할 부분을 맡기셨습니다. 삶에 어떠한 어려움이 있더라도 우리는 그 삶의 몫을 잘 지키는 신앙인으로 살아야 할 것입니다. 일시적으로는 이러한 삶의 모습이 이해가 가지 않고, 때로는 아픔과 고통이 따를 수도 있습니다. 그러나 하나님께 끝까지 붙어 있는 온전함의 명철을 통하여 우리는 하나님께 더욱더 친근하여지며 삶의 깊은 지혜와 환희를 누리게 될 것입니다.

욥기가 우리에게 주는 가장 큰 도전은 우리가 이해하지 못하는 고통이 올 때, 하나님과 끝까지 씨름하며 하나님께서 하실 일을 하실 때까지 끝까지 남아 있을 것인가 하는 것입니다. 욥이 끝까지 그의 자리를 지켜 하나님을 만난 것과 같이, 우리도 끝까지 우리의 자리를 지켜서 하나님을 만나, 하나님이 창조하신 세계에서 우리가 다 이해할 수 없는 생의 환희와 소망을 얻게 되기를 기대해 봅시다.

www.ingramcontent.com/pod-product-compliance
Lightning Source LLC
Chambersburg PA
CBHW010918040426
42444CB00016B/3443